U0469130

新时代之问

关于和美乡村的答问

中国人民大学中国扶贫研究院

汪三贵 等 | 著

中央党校出版集团
国家行政学院出版社
NATIONAL ACADEMY OF GOVERNANCE PRESS

图书在版编目（CIP）数据

关于和美乡村的答问 / 汪三贵等著 . —北京：国家行政学院出版社，2023.10
ISBN 978-7-5150-2817-0

Ⅰ . ①关… Ⅱ . ①汪… Ⅲ . ①农村－社会主义建设－研究－中国 Ⅳ . ① F320.3

中国国家版本馆 CIP 数据核字（2023）第 174694 号

书　　名	关于和美乡村的答问 GUANYU HEMEI XIANGCUN DE DAWEN
作　　者	汪三贵　等 著
统筹策划	陈　科
责任编辑	曹文娟
出版发行	国家行政学院出版社 （北京市海淀区长春桥路 6 号　100089）
综 合 办	（010）68928887
发 行 部	（010）68928866
经　　销	新华书店
印　　刷	北京盛通印刷股份有限公司
版　　次	2023 年 10 月北京第 1 版
印　　次	2023 年 10 月北京第 1 次印刷
开　　本	155 毫米 ×230 毫米　16 开
印　　张	12
字　　数	104 千字
定　　价	38.00 元

本书如有印装问题，可联系调换，联系电话：（010）68929022

统筹乡村基础设施和公共服务布局,建设宜居宜业和美乡村。

——习近平在中国共产党第二十次
全国代表大会上的报告
(2022年10月16日)

农村现代化是建设农业强国的内在要求和必要条件,建设宜居宜业和美乡村是农业强国的应有之义。农业因人类定居而兴,村落因农事活动而聚,乡村不仅是农业生产的空间载体,也是广大农民生于斯长于斯的家园故土。建设农业强国要一体推进农业现代化和农村现代化,实现乡村由表及里、形神兼备的全面提升。

——习近平在中央农村工作会议上的讲话
(2022年12月23日)

出版说明

党的十八大以来，中国特色社会主义进入新时代，开启新征程。诚如马克思所指出的，"问题就是时代的口号，是它表现自己精神状态的最实际的呼声"，新时代就要解决新问题。

为回应新时代背景下广大党员、干部、群众特别关心、迫切需要解答的现实问题，我社特推出"新时代之问"系列答问读物，邀请相关领域权威专家学者，针对党的十八大以来我国在经济、政治、文化、社会、生态等领域重大问题进行专题解答。"新时代之问"系列秉承解决真问题、真解决问题的初衷，力求其提出的问题和分析解答有助于

新时代之问

广大党员、干部深刻领会把握习近平新时代中国特色社会主义思想的精神实质、核心要义、丰富内涵和实践要求,把学习成果转化为推动工作的强大动力和生动实践。为实现社会主义现代化强国目标和中华民族伟大复兴凝心聚力!

前　言

在快速发展的现代社会中，乡村是一个充满生机与活力的地方。它们承载着世代相传的文化传统，同时也是我们探寻可持续发展之道的重要基石。2022年10月，党的二十大报告首次提出"建设宜居宜业和美乡村"，这是以习近平同志为核心的党中央作出的重大战略部署。2023年2月，《中共中央 国务院关于做好2023年全面推进乡村振兴重点工作的意见》正式发布，强调要"扎实推进宜居宜业和美乡村建设"。和美乡村的建设不仅关乎乡村居民的生活质量，还关乎社会和经济的和谐发展，更关系着乡村振兴战略的开展和共同富裕的实现。本书旨在通过全面的理论论述和实践探讨，为读者展示如何构建和美乡村这一美好愿景。

本书首先从理论角度对和美乡村的内涵进行了阐述，

探讨了和美乡村与美丽乡村到底有什么区别，其含义发生了哪些变化，帮助读者深入理解和美乡村的概念及其重要性。其次通过对公共服务均等化、基础设施便利化、乡风文明、生态宜居和治理有效五个方面进行具体讨论，分析了各个方面的现状和挑战，并提出了一系列可行性建议，以期为和美乡村的建设提供参考和借鉴。最后，探讨了建设和美乡村的主体、模式，并针对如何评价和美乡村的建设成果给出了参考建议，即构建一套科学、客观、公正的评价体系，旨在激发乡村自我完善的动力，促进乡村的可持续发展。

本书由中国人民大学中国扶贫研究院院长汪三贵教授，以及周诗凯、郑丽娟、马兰、郭建兵、张艳姣、富丽莎、刘明月、孙俊娜、黄奕杰、白增博、李傲、赵焕琪、李梦思、吴丹祺、向新旭、朱慧龙、吴洁等撰写。

在撰写本书过程中，笔者广泛收集了关于和美乡村建设的研究成果和实践经验，力求为读者提供一份专业、深入、实用的指南。我们希望，读者通过阅读本书，能够深刻领会和美乡村建设的理念、为乡村的振兴和发展贡献自己的智慧和力量。希望本书能为和美乡村建设事业的发展起到积极的推动作用，为构建美丽、和谐、宜居的乡村环境助力。

  囿于时间仓促和笔者研究水平有限,书中难免有不足或不妥之处,敬请各位读者批评指正,让我们共同为和美乡村的美好未来努力。

目　录

001 / **第一个问题**
和美乡村的内涵是什么？

009 / **第二个问题**
美丽乡村与和美乡村有什么区别？

016 / **第三个问题**
为什么要建设和美乡村？

023 / **第四个问题**
如何实现乡村基础设施便利化？

031 / **第五个问题**
如何提升农村教育质量？

040 / **第六个问题**

如何推进农村 0～3 岁婴幼儿早期照护服务保障？

048 / **第七个问题**

如何提升农村医疗和健康服务水平？

057 / **第八个问题**

如何建立农村养老服务制度？

065 / **第九个问题**

如何改善农村人居环境？

072 / **第十个问题**

如何加强村庄规划？

081 / **第十一个问题**

如何看待和美乡村建设中部分村庄的"空心化"问题？

088 / **第十二个问题**

如何强化农村的生态建设？

097 / **第十三个问题**

如何实现绿水青山就是金山银山？

104 / **第十四个问题**
如何开展农村自治？

113 / **第十五个问题**
如何加强农村法治建设？

118 / **第十六个问题**
如何开展乡村德治？

125 / **第十七个问题**
如何加强基层党组织建设？

136 / **第十八个问题**
如何开展乡村移风易俗工作？

145 / **第十九个问题**
如何传承保护利用乡土文化？

153 / **第二十个问题**
谁来建设和美乡村？

162 / **第二十一个问题**
和美乡村能不能照搬城镇建设模式？

170 / **第二十二个问题**
如何评价和美乡村？

第一个问题

和美乡村的内涵是什么？

建设宜居宜业和美乡村是全面建设社会主义现代化国家的重要内容，其内涵包括新发展阶段农村现代化的目标，是实现乡村由表及里、形神兼备的全面提升，是对中国式现代化进程中"农村现代化"的文化自觉和实践自觉[1]。宜居宜业和美乡村涉及农村生产生活生态各个方面，回应人民对美好舒适乡村生活的需求和愿望，既包括基础设施和公共服务供给等"物"的现代化，也包括"人"的现代化，还包括乡村治理体系和治理能力的现代化[2]。

---

[1] 吕方：《中国式现代化视域下的"宜居宜业和美乡村"》，《新视野》2023年第3期。

[2] 胡春华：《建设宜居宜业和美乡村（认真学习宣传贯彻党的二十大精神）》，《人民日报》2022年11月15日。

一、农村基础设施基本现代化

基础设施是乡村宜居的必要条件。宜居宜业和美乡村所要求的基础设施建设水平是基本具备现代生活条件，高度符合农村经济社会发展实际，使农村居民具备高度便利化的生产生活条件。从内容来看，现代化的农村基础设施不仅要有配套完备的水电路网等传统基础设施，也需配备必要的信息基础设施，如宽带网络、乡村物流等，顺应数字技术对乡村渗透的趋势，实现农村生产生活数字化、智能化升级。从标准来看，宜居宜业和美乡村的基础设施须突出"宜"的特点。和美乡村体现了现代化进程中城乡关系变迁和乡村变迁的普遍规律，"宜"代表农村基础设施需要与发展阶段相匹配，顺应区域禀赋差异和乡村人口不断减少的趋势，顺应农村居民生活水准不断提高与物质需求不断丰富的趋势，建设标准要因地制宜、因势制宜，既不能忽视发展阶段的现实需求，也不宜超过经济社会的时代需要。因此，宜居宜业和美乡村是标准适宜、成本可控、富有特色且功能完备的现代化乡村。从城乡维度来看，宜居宜业和美乡村将乡村与城市同样视为现代生活的基本场景和经验载体[1]，须顺应新型城镇化和城乡融合的

---

[1] 吕方：《中国式现代化视域下的"宜居宜业和美乡村"》，《新视野》2023年第3期。

发展趋势，具备城乡一体化基础设施网络。城市基础设施不断向农村延伸，形成互联互通的基础设施网络，在县域内实现城乡基础设施衔接互补，城乡往来实现通达化、便利化。乡村公共基础设施实现对自然村、居民点的全面覆盖，道路交通、农田水利、电力网络能充分覆盖到有需要的农户，使乡村具备村组高度覆盖、农户普遍享用的基础设施网络。

二、农村基本公共服务优质可及

宜居宜业和美乡村需要具备优质可及的基本公共服务。目前农村基本公共服务已初步建成，但标准和水平距离宜居宜业和美乡村的要求还有较大差距。宜居宜业和美乡村所要求的基本公共服务，是教育、医疗、养老等公共服务资源全民共享、城乡均等的服务体系，能够实现上学方便、看病不愁、老有所养，能够充分满足农村居民过上现代文明生活的需求。一是具备方便可及的乡村义务教育条件。乡村义务教育学校布局合理，农村学生上学半径适中，有条件的乡镇建有配置完善的寄宿制学校，符合条件的义务教育阶段学生都能有学上。农村教师资源配置合理，农村学校师资力量充足，城乡学校师资差距切实缩小，优质教育资源能够低成本覆盖到所有乡村。二是具备优质全覆盖的乡村医疗卫生体系。要达到宜居宜业和美乡村的标准，公共医疗卫生应当实现基本医疗全面覆盖、防病治病能力有保障，乡村医疗机构的诊疗水平接近县医院平均水平，所有的农村居民均能获得公平可及的基层医疗卫生服务。三是具备保健康养功能齐全的乡村养老服务。农村老龄化程度更加突出，养老需求愈加凸显。宜居宜业和美乡村应能够充分满足不断增长的养老需求，日间照料中心或养老院能够覆盖有需求的农村老人，确保实现老有所养。四是具备充分兜底的社会救助制度。宜居宜业和美乡村应有较高的社会包容性，能够对低收入群体和特殊困难群体提供及时的社会救助，并具有主动发现机制和动态调整机制，确保不遗漏一人。

三、农村环境美丽宜居

宜居宜业和美乡村应是拥有"青山绿水、鸟语花香"的美丽乡村。一是具备干净整洁的人居环境。宜居宜业和美乡村的"美"首先是表现在外在环境的美，应是美丽田园相伴的"富春山居"。和美乡村应当实现村落布局科学合理，人口居住适度集中，乡村建设井然有序，这样才能建成"阡陌交通、屋舍俨然"的乡村。和美乡村应当是污水循环利用、垃圾分类处理、村容村貌整洁、房前屋后环境优美的美丽乡村。二是具备人与自然和谐共处的生产生活方式。宜居宜业和美乡村的"美"是可持续发展的共生之美，是农业生产的绿色化、农村生活的环保化、农民意识的低碳化，农村生产生活方式不增加自然环境承载负担，资源循环利用贯穿生产生活全环节。三是具备各美其美的乡村特色。宜居宜业和美乡村的"美"不是千村一面的同质化乡村，应是与资源禀赋高度契合的各有特色的乡村，是在传承保护传统村落民居、深度挖掘优秀乡土文化、积极融入现代要素的基础上，所建成的具有本土特色和乡土气息的现代化乡村。

四、就业创收渠道稳定持续

宜居宜业和美乡村的"宜业"主要体现在乡村需具备多元化的农民增收长效机制，农民群众能够就近就地就业，最终推动城乡居民收入差距实质性缩小，农民生活不断富裕富足。"宜业"的乡村应具有现代农业产业，传统农业升级为特色化、优质化、规模化的现代农业，机械化、智能化农业渗透率不断提高，具有高产值、长链条、高附加值的产业链。培育出大批懂技术、懂市场、会经营的新型农业经营主体，拥有健全的农业社会化服务体系，代耕代种、联户经营、联耕联种等方式全面推行，小规模经营转变为适度规模经营，农业经营收入得到明显提升。"宜业"的乡村应具有多元化的产业业态，互联网深度嵌入乡村，依托数字信息技术发展出新业态和新商业模式，乡村多元价值得到深度开发，农村居民可以依托电商平台、网络直播、短视频平台等开展农副产品、特色手工艺品、文旅产品等的销售和推介活动，冷链、仓储、物流等农业生产设施和服务网点得到明显改善，乡村成为创新创业的理想载体。

五、乡村治理善治高效

宜居宜业和美乡村须具备现代化乡村治理体系，将自治、法治、德治深度融合，建成自治规范化、法治主导化、德治效力化、智治高效化农村。一是自治机制不断健全，基层党组织坚实尽责，民主制度体系和工作体系得到加强，人民群众主体地位和人民民主得到全链条、全方位彰显，农民群众参与乡村公共事务管理的积极性较高，自我管理和自我服务意识得到强化。二是法治在乡村治理中占据主导地位。法治是国家意志的体现,是自治德治智治有序、健康、稳定发展的刚性保障[①]。推动乡村办事依法、遇事找法、解决问题靠法,基层事务均纳入法治轨道,法律服务网络覆盖到每个乡村,农民群众形成尊法守法用法的意识和习惯。三是德治的作用得到彰显。发扬乡村的优秀道德文化,与时俱进完善村规民约等"软法",使德治成为自治和法治的重要补充。不断健全道德激励约束机制,使农民群众更好实现自我管理、自我服务、自我提高,形成和谐和睦的乡风民俗。四是以乡村治理数字化提升治理效能。顺应数字技术对经济社会带来的全方面渗透,乡村治理的手段和思路也须同步跟进,和美乡村须具备高效的数字服务网络,政务服务的便捷性和可及性进一步提高,在线服务、在线监督、在线参与将成为未来乡村治理的常态。

六、农村社会安定和谐

和美乡村是具有文明乡风、良好家风、淳朴民风的乡村,乡村社会环境和谐稳定,乡村文化蓬勃发展,乡村文

---

① 王杰秀:《"四治融合"推进基层治理现代化》,《中国民政》2023年第4期。

化产品供给丰富，农民精神生活富足，移风易俗成效显著，社会治安稳定和谐。一是乡风文明程度明显提升。社会主义核心价值观深入人心，农耕文化和中华优秀传统文化繁荣发展，敦亲睦邻、守望相助、诚信重礼的乡风民风不断弘扬，农村移风易俗取得扎实进展。二是农民精神风貌全面提振，农民群众不仅物质生活富裕，精神生活同样富足，良好社会风尚蔚然成风，艰苦奋斗、勤俭节约的作风全面践行。三是农村社会保持稳定安宁。农村各类矛盾纠纷有效化解，平安乡村建设扎实推进，农村社会环境始终保持稳定。[①]

---

① 胡春华：《建设宜居宜业和美乡村（认真学习宣传贯彻党的二十大精神）》，《人民日报》2022年11月15日。

第二个问题

美丽乡村与和美乡村有什么区别？

美丽乡村与和美乡村虽然只有一字之差，但内涵不同，目标也不同。美丽乡村概念提出时间早，强调的是"美"，以村庄布局优化、环境整治、生态建设等为重点工作，着力实现村庄美、布局美、环境美、生活美。和美乡村出自党的二十大报告，突出"和"，从内涵上是美丽乡村的升级版，具有明晰的"未来乡村"指向，涉及工作和内容更多，涵盖物质文明和精神文明各个领域，不仅是实施乡村振兴战略的总载体，也是农村现代化的目标。

一、从美丽乡村到和美乡村的历史沿革

美丽乡村缘起于2003年浙江的"千村示范、万村整治"工程（以下简称"千万工程"），以农村环境整治为核

心，贯彻"绿水青山就是金山银山"理念，推动乡村美丽宜居。20年来，浙江省持续深化"千万工程"，不断丰富美丽乡村的内涵和建设范围，截至2022年底，浙江全省90%以上村庄达到新时代美丽乡村标准，创建美丽乡村示范县70个、示范乡镇724个、风景线743条、特色精品村2170个、美丽庭院300多万户。[①]美丽乡村概念被提出后，各地均开展了不同形式的探索，并于2013年首次写入中央一号文件，明确提出"加强农村生态建设、环境保护和综合整治，努力建设美丽乡村"。此时中央一号文件给美丽乡村的定位是通过农村生态环境整治推进农村风貌改造，着重于农村生态文明建设。

2015年，美丽乡村的内涵从生态环境美化拓展到多领域改善。此时中央一号文件强调"中国要美，农村必须美"，将美丽乡村的内涵扩大到基础设施和基本公共服务，提出安居乐业的目标和新农村建设的概念，并且明确提出"加快提升农村基础设施水平，推进城乡基本公共服务均等化，让农村成为农民安居乐业的美丽家园"，鼓励各地从实际出发开展美丽乡村创建示范。同年，国家质量监督检验检疫总局、国家标准化管理委员会发布《美丽乡村建设指南》，为开展美丽乡村建设提供框架性、方向性技术

[①]《"千万工程"塑造美丽乡村》，《瞭望》2023年第22期。

指导，提出以村为单位的美丽乡村建设，确定美丽乡村的村庄规划和建设、生态环境、经济发展、公共服务、乡风文明、基层组织、长效管理等建设要求。

2016年，美丽乡村演变为美丽宜居乡村。此时中央一号文件提出开展美丽宜居乡村建设，新增了宜居的要求。文件强调通过推进农村环境综合整治、启动村庄绿化工程、生活垃圾治理、清洁河道等，建设农民幸福家园，同样鼓励各地因地制宜探索各具特色的美丽宜居乡村建设模式。2017年，中央一号文件提出深入开展农村人居环境治理和美丽宜居乡村建设，在此前基础上，新增能源、建筑、网络设施等领域建设内容，如要求实施农村新能源行动，开展田园建筑示范，推进光纤到村建设等，继续开展农村人居环境和美丽宜居乡村示范创建。同年，党的十九大报告作出了实施乡村振兴战略的重大部署，明确了产业兴旺、生态宜居、乡风文明、治理有效、生活富裕的总要求，此阶段的美丽乡村建设涵盖了生产生活多个方面。2018年，中共中央、国务院发布的《乡村振兴战略规划（2018—2022年）》提出"扎实推进生态宜居的美丽乡村建设"目标，赋予乡村兴旺、宜居、美丽、平安、民生、健康、数字等发展内涵。2019年，中央一号文件提出开展美丽宜居村庄和最美庭院创建活动，实施乡村绿化美化行动。2020年，中央一号文件提出推进"美丽家园"建设，习近平总书记在中央农村工作会议上提出农村宜居宜业的目标，进一步延展了美丽乡村的发展内涵。2021年，中央一号文件明确提出"开展美丽宜居村庄和美丽庭院示范创建活动"，《国民经济和社会发展第十四个五年规划和2035年远景目标纲要》也专门部署"建设美丽宜居乡村"。

随后，美丽宜居乡村进一步演变为宜居宜业美丽乡村。2021年3月，习近平总书记在福建考察时强调，要以实施乡村建设行动为抓手，改善农村人居环境，建设宜居宜业美丽乡村，标志着乡村建设从美丽、宜居的生活条件改善拓展到宜业的生产维度，突出农村基础设施建设与基本公共服务供给，强调贯彻"绿水青山就是金山银山"的发展理念，推进村庄绿化美化，实现乡村建设与自然生态环境有机融合。2022年5月，中共中央办公厅、国务院办公厅印发《乡村建设行动实施方案》，提出"建设宜居宜业美丽乡村"，突出在"硬件"和"软件"上同步改善农村生产生活条件，提升乡村宜居宜业水平，打造各具特色的现代版"富春山居图"。

2022年，党的二十大报告中正式提出和美乡村，要求"统筹乡村基础设施和公共服务布局，建设宜居宜业和美乡村"。从美丽乡村到宜居宜业和美乡村的概念延伸是在

"三农"工作的历史进程中逐步演进的,是乡村振兴目标和任务的具体化,不仅体现了我们党长期以来一以贯之的乡村振兴战略的政策继承和实践延续,而且是以习近平同志为核心的党中央深刻把握乡村发展规律,基于新发展阶段"三农"工作的新认识所作出的重大战略部署,是中国式农业农村现代化的理论创新。

二、美丽乡村与和美乡村的区别

第一,美丽乡村与和美乡村的内涵不一致,和美乡村内涵更加丰富。美丽乡村建设以生态环境建设为"基",以绿化美化庭院为"形",以合理布局村落为"架",以传统农耕文化为"魂",以优美田园风貌为"韵",是新世纪的新农村建设标准。和美乡村是在具有良好人居环境的基础上,还能满足农民物质消费需求和精神生活追求,建设产业、人才、文化、生态、组织全面协调发展的农村,是美丽乡村的升级版。在"硬件"建设上,和美乡村不仅注重基础设施、公共服务等,还注重房屋质量安全和风貌特色、数字技术与农村生产生活深度融合等,反映了时代特征和发展阶段需求。在"软件"建设上,美丽乡村与和美乡村也有很大不同。美丽乡村不太强调精神文明建设和基层组织建设，而和美乡村则包括这些建设内容，强调推进乡村治理体系和治理能力的现代化，建成安定祥和的乡村社会环境，重视农村精神文明建设和传承优秀农耕文化结合，推动社会主义核心价值观融入农村发展和农民生活，培育出积极向上的乡村文明风尚。

第二，美丽乡村与和美乡村的目标任务不一致。美丽乡村最初的目标任务是人居环境改善、生态文化传承，与党的十八大报告重视生态文明建设的理念相辅相成，是生态文明在乡村落地的载体。虽然后期美丽乡村的目标也逐步丰富，先是拓展到宜居，再拓展到宜业，但整体来看目标任务略小于和美乡村。和美乡村的目标任务锚定2035年农村基本具备现代生活条件，是全方位、多层次的乡村建设，涉及农村生产生活生态各个方面，更多体现乡村建设由外到内、由形到神的内在统一，更多体现乡村建设要从物质丰富到精神富足的重大变换[①]。具体来看，和美乡村的目标任务包括建成基本现代化基础设施，优质可及的基本公共服务，美丽宜居的人居环境，稳定持续的就业创收渠道，善治高效的乡村治理体系，农民精神生活富足、安定和谐的农村社会。

---

① 金文成：《贯彻落实党的二十大精神 建设宜居宜业和美乡村》，《农业发展与金融》2023年第1期。

第三，美丽乡村与和美乡村的建设重点不一致。美丽乡村强调的是"美"，其政策扶持、项目投入等都基本围绕人居环境整治、垃圾处理、村容村貌改造、农村改厕和生活污水、黑臭水体治理等展开。得益于美丽乡村建设，乡村基本解决了村内道路泥泞、村民出行不便的问题，乡村私搭乱建、乱堆乱放等现象大大减少。各地探索建立了人居环境运维管理体系和相应的管护平台，基本实现了人居环境整治全覆盖和基础设施运行维护全覆盖。和美乡村突出"和"，体现马克思主义基本原理同中国具体实际相结合、同中华优秀传统文化相结合在乡村建设中的实践，更重视"人"的现代化提升。和美乡村建设重点体现在和谐共生、和而不同、和睦相处，以及乡风乡韵等"和美"的文化内核和精神风貌上。① 重视加强和改进党组织领导的乡村治理体系，改进农村社区管理的服务方式和手段，推进精准化、精细化乡村治理，着力建设充满活力、和谐有序的善治乡村。和美乡村高度重视对农民群众的思想政治引领，倡导文明新风，深入推进农村移风易俗，抵制封建迷信、落后习俗等不良风气，使农民获得感、幸福感、安全感进一步增强。

---

① 吕方：《中国式现代化视域下的"宜居宜业和美乡村"》，《新视野》2023年第3期。

第三个问题

为什么要建设和美乡村？

"建设宜居宜业和美乡村"是以习近平同志为核心的党中央统筹国内国际两个大局、坚持以中国式现代化全面推进中华民族伟大复兴，对正确处理好工农城乡关系作出的重大战略部署，对新时代新征程全面推进乡村振兴、加快农业农村现代化的前进方向具有重要的指导意义。

我们党一直以来就高度重视乡村建设，党的二十大报告在新时代新征程的背景下提出的"建设宜居宜业和美乡村"，是新时代党在对乡村建设政策规律深刻把握的基础上承上启下的体现。党的十六届五中全会对社会主义新农村提出"生产发展、生活宽裕、乡风文明、村容整洁、管理民主"的建设目标和要求，以及党的十九大报告提出"产业兴旺、生态宜居、乡风文明、治理有效、生活富裕"的实施乡村振兴战略总要求，都从多维度多方面对乡村建设提出了要求、指明了方向。而和美乡村建设相较于之前的乡村建设要求，更加贴切地回应了新时代人民尤其是农村人民对于美好生活的呼吁和渴望，更加全面更高层次地对乡村的物质文明、精神文明建设作出全面部署，对巩固拓展脱贫攻坚成果、全面实施乡村振兴、推动实现共同富裕及全面推进农业农村现代化具有重大的现实意义和深刻的历史意义。

一、和美乡村与巩固拓展脱贫攻坚成果

建设宜居宜业和美乡村是实现巩固拓展脱贫攻坚成果同乡村振兴有效衔接的目标任务的延伸。打赢脱贫攻坚战，全面建成小康社会后，要进一步巩固脱贫攻坚成果，接续推进脱贫地区发展和群众生活改善。《中共中央 国务院关于实现巩固拓展脱贫攻坚成果同乡村振兴有效衔接的意见》指出，到2025年，乡村产业质量效益和竞争力进一步提高，农村基础设施和基本公共服务水平进一步提升，生态环境持续改善，美丽宜居乡村建设扎实推进，乡风文明建设取得显著进展，农村基层组织建设不断加强。这些目标任务的设立全方位多层次地对乡村建设提出要求，有助于推进宜居宜业和美乡村的建设。

巩固拓展脱贫攻坚成果是建设"宜居宜业和美乡村"的重点任务之一。和美乡村的建设是在近1亿人脱贫，832个贫困县全部摘帽的脱贫攻坚战宣布取得全面胜利的历史基础上提出的。但是乡村的发展仍然存在重重问题和难关，城乡发展不平衡、乡村发展不充分仍是社会主要矛盾的集中体现。因此，巩固脱贫攻坚成果仍是建设宜居宜业和美乡村的重要前提和重点任务。建设和美乡村既是对现有乡村建设成果的巩固，也是对未来建设更高收入水平的乡村、更全面发展的乡村的展望。

二、和美乡村与全面实施乡村振兴

建设宜居宜业和美乡村是全面实施乡村振兴的要求和重点工作。党的十九大报告提到乡村振兴总要求为"产业兴旺、生态宜居、乡风文明、治理有效、生活富裕"。《中共中央 国务院关于做好2023年全面推进乡村振兴重点工作的意见》提出要"扎实推进宜居宜业和美乡村建设"，具体包括：加强村庄规划建设，合理规划和优化村庄的布局和乡村地区行政区划设置；扎实推进农村人居环境整治提升，治理乡村卫生问题，提高乡村宜居水平；持续加强乡村基础设施建设，保障农村交通、供水、电网、住房、数字乡村的稳定建设；提升基本公共服务能力，落实乡村教育、医疗、社会保障资源下沉。乡村振兴最后还是要落实到乡村里的人身上，产业的发展、生态环境的改善、乡村文明新气象的焕发、乡村治理能力的提升以及收入水平的提高，落实到农民身上就是使他们所在的乡村更适宜居住、更适宜发展。

乡村振兴是宜居宜业和美乡村建设的最终目的。建设和美乡村是推进乡村发展、乡村建设和乡村治理中重要的一环，是全面推进乡村振兴的重要基础。乡村振兴最终要实现的目标任务包括以下几个方面：农业基础设施现代化迈上新台阶，农村生活设施便利化初步实现，城乡基本公共服务均等化水平明显提高；农村生产生活方式绿色转型取得积极进展，化肥农药使用量持续减少，农村生态环境得到明显改善；乡村建设行动取得明显成效，乡村面貌发生显著变化，乡村发展活力充分激发，乡村文明程度得到新提升，农村发展安全保障更加有力，农民获得感、幸福感、安全感明显提高。和美乡村的建设成果将直接影响乡村振兴工作的推进。

三、和美乡村与推动实现共同富裕

共同富裕是和美乡村建设的目标和宗旨。宜居宜业和美乡村的建设将共同富裕的思想贯穿其中。在其建设过程中，在巩固脱贫攻坚成果，推进农村产业化发展，提高农民财产性收入，使农村居民勤劳致富，加强农村基础设施和公共服务体系建设，改善农村人居环境等方面作出的成果，都将成为最终实现共同富裕的重要基础工作。因此，推进建设宜居宜业和美乡村就是从物质文明和精神文明各领域与各方面推动实现共同富裕。

宜居宜业和美乡村的建设是实现共同富裕的重要体现。实现共同富裕是中国特色社会主义的本质要求，是中国式现代化的重要特征，是我们党坚持全心全意为人民服务根本宗旨的重要体现，是党和政府的重大责任。促进共同富裕，最艰巨最繁重的任务仍然在农村。这就使得乡村建设在实现共同富裕中占据着极其重要的地位。只有补齐农村这个短板，缩小城乡发展差距，带动农业农村的现代化发展，才真正有机会实现共同富裕。实现共同富裕不仅是物质丰富的过程，也是精神丰实的过程，两者相辅相成，缺一不可。因此，在打赢脱贫攻坚战，解决农民的温饱问题后，需要对乡村建设提出更加高水平的更全面的发展要求。乡村是我国传统文明的发源地，农村不能成为荒芜的农村、留守的农村、记忆中的故园。农村优秀传统文化是我国农耕文明曾长期领先于世界的重要基因密码，也是新时代提振农村精气神的宝贵精神财富。新时代新征程，要重视农村精神文明建设，在实现物质文明层面的共同富裕的同时实现精神生活层面的共同富裕，不断增强人民群众的获得感、幸福感、安全感。

四、和美乡村与全面推进农业农村现代化

建设宜居宜业和美乡村是全面建设社会主义现代化国家的重要内容，是让农民就地过上现代生活的迫切需要。农业农村现代化建设就是为了提高农村居民的收入水平，就是为了改善农村居民的居住环境。其主要目标包括农村基础设施建设取得新进展，乡村建设行动取得积极成效，村庄布局进一步优化，农村生活设施不断改善，城乡基本公共服务均等化水平稳步提升。农村生态环境明显改善，农村人居环境整体提升，农业面源污染得到有效遏制，化肥、农药使用量持续减少，资源利用效率稳步提高，农村生产生活方式绿色低碳转型取得积极进展。农村居民收入稳步增长，农民增收渠道不断拓宽，农村居民人均可支配

收入增长与国内生产总值增长基本同步，城乡居民收入差距持续缩小。农民科技文化素质和就业技能进一步提高，高素质农民队伍日益壮大。

农业农村现代化是建设宜居宜业和美乡村的重要内涵。和美乡村建设既包括"物"的现代化，也包括"人"的现代化，还包括乡村治理体系和治理能力的现代化。建设宜居宜业和美乡村是立足于我国国情，立足人多地少的资源禀赋、悠久的农耕文明底蕴而提出的具有中国特色的战略部署，是为建设农业强国，实现农业农村现代化而服务的。从"物"的现代化的角度来说，和美乡村建设要求农村要逐步具备现代生活条件，对农村的公共基础设施、人居环境条件和基本公共服务水平都提出了要持续健全完善的要求。从"人"的现代化的角度来说，和美乡村建设的直接目的就是让农民就地过上现代生活。同时，在经济发展和物质改善之外，和美乡村建设更加注重精神文明建设，努力做到滋润人心、德化人心、凝聚人心，着力提升农民精神风貌。

综上所述，建设宜居宜业和美乡村不是单一的、孤立的战略部署，而是党对乡村建设规律的深刻把握的体现，对巩固脱贫攻坚成果与乡村振兴相衔接，实现共同富裕，加快农业农村现代化具有重要意义。

第四个问题

如何实现乡村基础设施便利化？

农村基础设施是建设和美乡村、实现农业农村现代化的重要基础。党和国家始终重视农村基础设施建设和发展，在历年的中央文件中多次强调农村基础设施的重要性并提出了发展目标。2022年，中共中央办公厅、国务院办公厅印发了《乡村建设行动实施方案》，要求把公共基础设施建设重点放在农村，持续改善农业农村生产生活条件。2023年，中央一号文件《中共中央 国务院关于做好2023年全面推进乡村振兴重点工作的意见》进一步明确了农村基础设施建设的重点方向，要求推动县域普遍服务类设施城乡统筹建设和管护。

党和国家不断加大在农村基础设施领域的投资力度，农村基础设施建设取得了众多的成就，但是距离农业农村现代化和人民群众日益增长的美好生活需要还有差距，与城镇基础设施相比，也存在部分短板和薄弱环节。农村基础设施总体上包括路、水、电、气、信"五网"：从道路建设来看，农村地区实现了建制村100%通硬化路，但2021年，村内硬化道路占全村道路总长度的比重平均为59.9%[1]，仍有较大提升空间，同时，生产道路和农村公路后期养护需要完善；从供水情况来看，2021年，我国农村地区供水普及率为85.33%，较城市供水普及率低14.05%[2]，我国农业灌溉面积持续增加，但2022年耕地灌溉率约为51%，比重较低；从电力供应来看，农村地区基本用电需求得到保障，但仍存在供电容量低和电力设备落后老化等问题[3]；从天然气供给情况来看，农村地区燃气普及率较低，为38.19%，并且区域间差异明显，江苏、上海、天津等地农村地区燃气普及率已超过70%，但个别省份燃气普及率低于10%，农村天然气管网建设有一定的滞后性[4]；从通信情况来看，2023年第51次《中国互联网络发展状况统计报告》的数据显示，农村地区互联网普及率

---

[1] 许庆、刘进、熊长江：《中国农村基础设施发展水平、区域差异及分布动态演进》，《数量经济技术经济研究》2022年第2期。

[2] 数据来源：《中国城乡建设统计年鉴（2022）》。

[3] 曾福生、蔡保忠：《农村基础设施是实现乡村振兴战略的基础》，《农业经济问题》2018年第7期。

[4] 戈国莲、刘磊：《乡村振兴背景下我国农村公共基础设施投资测算与建设研究》，《农业经济问题》2022年第10期。

为61.9%，城镇地区互联网普及率为81.9%，在网民占比中，农村网民占总体网民的28.9%，城镇网民占总体网民的71.1%，在互联网应用上，农村用户和城镇用户使用情况的差距较大，城乡间网络基础设施差距需要不断缩小。因此，加强乡村基础设施建设亟须在明确短板基础上坚持统筹协调、系统推进。

一、加强农村道路畅通建设

一是实现"四好农村路"高质量发展，推动农村公路与沿线配套设施、产业园区、旅游景区、乡村旅游重点村一体化建设，促进农村公路建设与乡村产业发展深度融合，建好资源路、产业路、旅游路，赋能乡村产业振兴。二是加强农村生产道路建设，深入基层调研，充分掌握老百姓的实际需求，改善农业生产条件，增强农业综合发展能力，切实为农业生产提供保障。三是提高农村村内道路硬化率，加强入户道路建设，稳步解决村内道路泥泞、村民出行不便、出行不安全等问题，多渠道筹措资金，鼓励农户参与建设，提高农户道路建设的主动性和积极性。四是推动城乡交通运输一体化发展，鼓励城市公交线路向乡村延伸，实施农村客运班线公交化改造，提高客运班车的服务频次和服务水平。五是推动建管用并重，避免出现"建而不管"的问题，强化农村道路安全隐患排查和治理，实施农村公路"安全生命防护工程"，全面实施"路长制"，创新发展多元养护模式，加大养护资金投入力度，提高道路养护能力和水平，建立长效的道路养护机制。

二、强化农村防汛抗旱和供水保障

一是加强防汛抗旱基础设施建设，强化农村防汛抗旱的综合能力，切实根据农村生产生活实际需求，优化布局小型农田水利设施建设项目，逐步提升农村耕地灌溉面积和灌溉率。二是提高农村供水保障能力，加强农村水源保障，开展水质提升专项行动，健全水质检测监测体系，实施农村规模化水工程建设。三是推动城乡供水一体化发展，鼓励有条件的地区把城镇周边的村庄接入城镇供水网络，实施农村老旧供水工程和管网改造，因地制宜推动供水入户。四是加快推进农业水价综合改革，健全农村集中供水水价合理形成机制，按照补偿成本、公平负担的原则确定水价，探索实施阶梯水价制度，创新体制机制，加快推进农业节水灌溉，建立节水奖励机制，提高农业用水效率。

三、推进农村电网巩固提升

一是推进城乡配电网建设，实施农村电网改造升级工程，加强农村电网结构建设，加大农村地区电力设施配套力度，更新陈旧的电网设备，健全运营管护长效机制，提高供电的稳定性。二是提高农村地区供电能力，着力解决城乡配电网存在的负荷转移能力不强、农村电网网架结构偏弱、农网"低电压"等问题，提升农村地区用电的可靠性，确保农村电力能满足高标准农田建设以及第二、第三产业的发展需求，推动城乡供电服务均等化，提升农村地区用户接电效率，加强电力安全宣传，提高农村居民的电力安全意识和技能。三是发展清洁能源，结合农村资源条件，开展太阳能、风能、水能、地热能、生物质能等可再生能源开发利用，如推动屋顶光伏、农光互补、渔光互补等分布式光伏和分散式风电建设，实施农村分布式可再生开发配套电网改造，推动农村用能向清洁低碳绿色转变。

四、提高农村燃气供给能力

一是合理确定农村地区供气方式，对于在城镇周边的村庄，采用管道气方式，接入城镇燃气管网，距离城镇较远或偏远地区，采用非管网方式，支持建设安全可靠的乡村储气罐站和微管网供气系统，发展LNG（液化天然气）瓶组气化站、CNG（压缩天然气）瓶组供气站和LPG（液化石油气）瓶组混气站[1]，推广气源集中供应、专用槽车配送、微管网输气入户、企业远程智能监控等发展模式。二是发展生物质燃气，充分利用农村地区丰富的生物质能资源，因地制宜发展沼气等工程，提高生物质资源的利用效率和产业化水平，出台有利于沼气行业持续健康发展的政策，统筹协调生物天然气布局。三是多元化措施提升气源保障能力，多渠道落实天然气资源，综合利用管道气、液化天然气、压缩天然气、非常规天然气和煤层气等气源，加强与油气、管输企业对接，高度重视冬季天然气供应紧张问题，保障天然气供应安全稳定。

五、巩固提升农村网络基础设施

一是提升农村光纤网络保障能力，优化提升农村宽带网络质量，推进农村光纤宽带网络扩容升级，千兆光纤网络向有条件、有需求的乡村延伸，实现农村城市"同网同速"，加强农村宽带网络运行维护管理，持续降低网络故

---

[1] 闵雪：《农村燃气的发展困境及对策分析》，《城市燃气》2022年第4期。

障平均处理时长。二是加快移动通信网络发展，进一步推动5G向农村地区延伸，提高5G基站覆盖水平，实施农村公路、水利、电网、农产品产地冷链物流基础设施的数字化改造。三是提升有线电视和农村数字电视发展能力，推动广播电视由功能型向智慧型转变、广播电视服务走向"终端通""人人通"。四是优化农村信息服务基础设施建设，有序推进农业农村、商务、民政、邮政、供销等部门农村信息服务站点的整合共享，推广"多站合一、一站多用"[①]。

总之，实现农村基础设施便利化，应注意以下几个方面。首先，需要做好农村基础设施建设的系统性规划，突出重点领域，循序渐进推进，补齐农村基础设施的短板和弱项，重视农民参与，建立农民全程参与的制度体系，畅通农民意愿诉求表达渠道，切实提高农村基础设施供给质量和水平[②]。其次，应统筹城乡基础设施发展，推动城乡基础设施互联互通、共建共享，加大政府对农村基础设施建设的投资，保障建设资金稳步增加，创新多元化投融资方式，积极引导社会资金和力量参与到农村基础设施建设

[①] 资料来源：《数字乡村发展行动计划（2022—2025年）》。
[②] 参见黄臻《农村基础设施建设亟须提档升级》，《光明日报》2019年10月14日。

中来，确保发挥财政资金和社会资本的合力作用，健全利益分配机制。再次，分类统筹推进基础设施建设，进一步推动农村基础设施与农村产业融合，提高农村产业发展效益，发挥好基础设施对农业经济发展和农民增收的带动作用。最后，应健全农村基础设施管护长效机制，合理确定农村基础设施产权，理顺管理体制，革除重建设、轻管护的弊病，发挥长期效益。

第五个问题

如何提升农村教育质量？

乡村人才振兴的根本是农村教育的高质量发展，使农村学生享受到高水平的学前教育、义务教育和职业教育。发展高质量的农村教育事业不仅关系到乡村振兴目标能否如期实现，也关系到中国式现代化目标和人的全面发展愿景的如期实现。发展高质量农村教育，培养出高水平、有能力的乡村人才，需要针对农村学生在不同教育阶段面对的突出问题，提出解决方案和办法，将"学有所教"的政策落到实处。

一、持续提升农村学前教育的覆盖面和质量水平

《"十四五"学前教育发展提升行动计划》把实现学前

教育普及普惠安全优质发展作为提高普惠性公共服务水平的一项重大任务。在农村普惠性幼儿园的覆盖率不断提高、农村学前教育公共服务体系基本建成的情况下，进一步提升农村学前教育的覆盖面和质量将是重点工作，仍然需要持续的体制机制创新和资源投入。一是加快农村普惠性幼儿园建设，完善吸引民办幼儿园进入普惠性学前教育的激励机制。农村普惠性幼儿园建设需要民间资源的参与，要有更加激励的制度体制，以及政府资金的投入，促进民办普惠性幼儿园的快速发展，进一步普及一些落后地区的普惠性幼儿园的发展，提高农村儿童学前教育的普及率和质量水平。二是充分认识到数字化、智能化技术对学前教育领域的影响，充分运用这些技术来推动学前儿童的学习绩效，在教学评估、家长服务、教师培训、督导评估等领域加以规范应用，以提升农村学前教育的整体质量。三是加大对农村学前教育的资源投入，包括资金投入和专业人员的投入。教育质量的提高关键是师资水平，提高农村学前教育质量关键是引育高水平师资，要给予幼教老师有足够吸引力的薪酬，给他们提供住房条件和事业发展机会，引进稳定和高水平的幼教老师。

二、促进农村义务教育高质量与均衡发展

农村义务教育，首先需要高质量发展，提高农村义务教育的整体水平，与城市义务教育保持均衡发展；其次实现农村内部地区之间的均衡发展，消除部分地区义务教育发展滞后的局面。

首先要优化农村义务教育资源配置。

一是要加大农村义务教育经费投入，完善创新义务教育经费保障机制。各级政府应建立和完善义务教育投入基本标准，逐步落实义务教育经费预算。

二是要进一步完善农村学校办学条件。按照城市中小学校的硬件和软件条件，完善农村学校硬件设施，加强实验室、图书阅览室等教学设施建设，做到硬件与软件更好匹配，提高使用效率。在保障基本办学条件的基础上，重点关注教育信息化和现代化技术的投入，逐步形成覆盖全部学校的数字教育资源网络。

三是要提高农村教师待遇，吸引高水平师资。针对农村地区中小学骨干教师流失问题，政府和教育主管部门应尽快出台和完善骨干教师的优待和保障政策，加大农村教师补贴的政策力度。大力改善农村中小学教师教学工作条件和生活环境，解决农村教师住房、子女上学等困难。

四是要增加教师培训机会,提升其综合素质。在教师继续教育方面,政府对农村教师培养要增强科学性、针对性、全面性,适当增加农村教师培训名额,将国培、省培等国家级或省级教师培训项目落实到农村学校。对农村教师进行培训时,探索建立农村小学划片研修和专项研修机制。加强"一专多能"乡村教师的培养。

五是要加强城乡教师双向流动,鼓励城市优质教师下乡。推进构建义务教育阶段城乡教师资源共享机制,完善城乡教师流动机制。通过实行农村教师轮岗制,推进退休的高级教师或特级教师采取多种形式赴乡村学校任教和交流,鼓励城市优质教师到农村学校任教。依托新科技发展"互联网+教育",加强城乡教育资源的共享,缩小城乡教育的差距。依托互联网整合教育资源,通过多校同步在线课堂教学,鼓励"双师教学"[①]中以直播和录播的方式来共享优质教育资源。

其次要推进农村教育质量均衡发展。

一是调整优化农村中小学布局,关注偏远地区学生发展需求。针对农村中小学数量的动态变化规律,积极顺应

---

① "双师教学"指由两位教师共同开展教学活动,由城市地区一线名师远程主讲,本地教师与名师协同备课,负责组织教学、重难点答疑、课后作业批改、反馈学习情况等。

社会经济发展趋势和人口流动等因素的变化，充分考虑学生数量、办学条件、群众需求等因素，因地制宜、合理布局农村义务教育学校。鼓励和支持农村中心小学办成寄宿制学校，在人口稀少、地处偏远、交通不便的地区应保留或设置村小学和教学点。

二是加强寄宿制学校建设，科学建设乡村小规模学校。当前农村学校生源流失问题严重，建设高质量的寄宿制学校可以减少家长和社会顾虑。因此，要加大对寄宿制学校建设的各项投入，制定和完善农村寄宿制学校的建设标准，提高寄宿制学校教学质量。探索实行走读和寄宿相结合，各地根据不同年龄段学生的特征和当地环境等因素，安排好需要寄宿的学生，尤其要满足留守儿童的寄宿需求。依托乡村特色文化，提高农村小规模学校建设质量，改善学生生活卫生条件。吸引乡村小规模学校学生集中到寄宿制学校就读。

三是要加大对教育资源薄弱学校的改造投入力度。当前我国教育资源分配面临着农村不同地区间不均衡的问题。因此，要坚持教育资源投入政策的公平性，推动教育资源向薄弱学校和贫困地区聚集，促进农村义务教育均衡发展。

三、促进农村中等职业教育高质量发展

中国农村中等职业教育发展的主要问题是教学内容与社会需要脱节，教学质量不高，缺少对社会急需人才的培养。农村中等职业教育更应该对接乡村振兴战略需要，为乡村人才振兴培养高素质和有能力的现代化人才。

一是要健全和完善农村中等职业教育相关政策法规，打好农村中等职业教育发展的基础。政府要加强对中等职业教育的政策研究，为中职教育提供制度保障。

二是要从不同层面解决农村中等职业教育的资金短缺问题。首先，建议从国家层面设立专项资金或项目，保证资金投入力度。与普通教育相比，职业教育所需要的场地更大、设备更多，给一些经济较为落后地区造成较大财政负担，需要从国家层面划拨专项资金或者设立相关项目，对发展困难的农村中等职业学校提供资金帮助，保证资金投入稳定。其次，鼓励有条件的地方政府增设农村中等职业教育基金，通过设立专款账户用于推动农村中等职业教育的发展。最后，通过一些税收减免和其他优惠政策积极调动社会其他主体投入农村中等职业教育的积极性，拓宽资金来源渠道，保证农村中等职业教育的快速、稳定、健康发展。

三是建议逐步放开户籍管理制度，完善社会保障体系，提升农民的收入水平和社会地位，让更多的人愿意成为新时代的新型职业农民，为农村中等职业教育发展构建良好的社会环境。

四是要明确农村中等职业教育定位。农村中等职业教育要兼顾好就业和升学两方面的教育需求。一方面兼顾职业发展所需要的学历提升；另一方面也应保证职业发展中所需要的职业技能。同时，面对乡村振兴战略需求，农村中等职业教育需要拓宽自己的服务面向，扩大受教育群体，特别是乡村振兴战略所需的新型职业农民，提供优质的人力资源支持。

五是要利用现代信息技术补足落后农村地区中等职业教育发展的短板。农村中等职业教育应充分利用好新兴信息技术，促进区域职业教育合作开展技能提升行动。第一，建议区域内职业学校联合行动，共同组建移动职业教育设备中心，对优质的职业教育资源进行分享，解决现有资源缺少问题，缩小职业教育资源的城乡差距和地区差距。第二，建议建立全国性的农村职业教育培训平台，提供便捷、一体化的信息服务。通过分享和下载共享至云端的优质教学资源，可有效弥补农村中等职业教育资源的缺失；同时，在了解农民培训需求和效果的基础上，也可为农村中等职业教育的后续开展提供参考和借鉴。第三，对于使用信息技术较为困难的农村人口，建议中等职业学校为其搭建"互联网＋职业教育"教室，便利这类群体更好地参与到职业教育之中。

六是要发挥非正规职业培训作用，多主体开展职业教育。第一，农村中等职业学校在发挥学历教育作用的同时，提高对职业培训职责的关注程度，利用自身优势，面向我国农村和农民，开发适合不同人群的农作物培育、家禽养殖、物流配送、电商直播等自主就业创业项目，开设短期职业培训班，切实满足不同人员的职业技能提升需要。第二，中等职业学校可以和当地龙头企业或乡村政府合作建立稳定的培训基地，依托当地特色产业和重点项目，定期定点组织已毕业的新成长劳动力、乡村青壮年劳动力和返乡农民工进行联合培训，共同进行产品开发、农产品销售等工作。第三，地方政府发起组建由中等职业学校、行业协会、企业单位等多主体参与的校企合作委员会，发挥多主体育人优势，调动企业等主体参与农村中等职业教育的积极性和主动性。

七是要培养高水平师资队伍。教育质量的提升关键是优质师资资源、教师的教学水平和内生发展动力。师资队伍的建设应放在优先地位。首先，通过市场机制引入高水平的职业教育师资，打破常规，高薪引进高水平教师。其次，利用社会上师资人才，采取更加灵活的聘用方式，将退休教师、高级技术人才组织起来为职业教育作出贡献。最后，建立职业教育师范院校，专门培养中等职业学校教师，为城乡中等职业教育发展提供源源不断的优质师资。

第六个问题

如何推进农村0～3岁婴幼儿早期照护服务保障？

0～3岁是人生的关键期和敏感期,是大脑功能、体格生长、行为和情绪能力发展最快的时期,为这个阶段的婴幼儿提供充分的营养和养育刺激,促进婴幼儿在认知、心理和社会情感方面的健康成长,不仅为其一生的健康、学习能力和生产力奠定基础,甚至会影响子代的福祉[1]。因此在这一阶段科学的早期养育对婴幼儿的身心发育至关重要,有助于儿童早期认知、语言、社会情感和运动能力的发展。

农村0～3岁婴幼儿的发展对其成长和家庭发展具有

---

[1] Emmers D, Jiang Q, Xue H, et al., "Early childhood development and parental training interventions in rural China: a systematic review and meta-analysis," *BMJ global health*, Vol.6, No.8 (2021).

重要意义，也关系到国家和社会的未来命运。脱贫攻坚没有落下任何一个婴幼儿及其家庭，乡村振兴也要帮助农村地区婴幼儿更好地健康成长、全面发展，为农村家庭提供科学养育指导和高质量的托育服务。在制定政策、采取措施、配置资源等方面，要实施更加积极的政策，为婴幼儿发展的营养健康、教育服务、家庭支持等方面提供政府支持和服务保障，让更多农村婴幼儿受益，推进农村地区儿童发展。

一、将农村婴幼儿早期照护列入公共服务，加大投入力度

农村婴幼儿早期照护涉及发改、财政、乡村振兴、卫健、教育、民政、妇联等多个部门，要加强部门协同，形成部门配合联动机制。同时，婴幼儿照护服务中涉及营养、健康、早期学习、儿童保护等多方面。为使儿童的生理、心理、认知能力和非认知能力得到全面发展，充分发挥发展潜力，需要各部门协同合作，为儿童全面发展提供支持。

《国务院办公厅关于促进3岁以下婴幼儿照护服务发展的指导意见》将农村婴幼儿早期照护列入公共服务。解

决好家庭婴幼儿照料难题，完善相关配套政策措施，有利于促进儿童健康成长，促进人口长期均衡发展和经济社会可持续发展。将"十四五"期间国家用于育幼的资金继续向脱贫农村地区倾斜，将儿童早期发展纳入"十四五"规划，通过设立"国家农村婴幼儿家庭照护行动计划"，将农村婴幼儿家庭照护指导纳入农村地区基本公共服务，中央财政给予专项资金支持，实现农村地区婴幼儿照护服务全覆盖。据研究机构测算，每个0～3岁婴幼儿每年的干预成本约为3000元，如果农村地区0～3岁的孩子数量是300万人，那么每年农村地区婴幼儿的投入不超过100亿元，仅相当于政府每年在教育和卫生方面支出的1.5‰，中央财政可实现这一目标①。当前政策是给城镇地区的托育机构每个托位补贴1万元，在农村地区给每个孩子补贴1万元可以充分体现发展的公平性。如果当前国家财力紧张，也可以通过发行长期专项国债的方式筹措资金。因此，应进一步鼓励县级政府设立"幼有所育"专项资金，保障农村每名0～3岁婴幼儿每年享有3000元的发展经费并将此列入公共服务。政府可不直接提供服务，重点在于完善制度和组织队伍。

① 数据来源：2021年《脱贫地区儿童早期发展调查研究报告》。

二、提高婴幼儿照养人的早期保教与养育知识

大量研究表明，农村地区婴幼儿照养人平均受教育水平偏低，缺乏科学的养育知识和积极的养育行为，包括讲故事、唱儿歌、读绘本等。一项基于农村地区的研究表明，照养人养育知识得分仅高于0.5分（满分1分），且只有13%的照养人给孩子阅读，38%的照养人给孩子唱儿歌，不到40%的照养人和孩子玩耍，超过一半（54%）的家庭没有任何适合儿童阅读的绘本；①采取消极养育行为的频率较高，包括打孩子、骂孩子、当着孩子面吵架或打架等，中国发展研究基金会2020年脱贫地区大调研数据显示，照养人的不良行为习惯频率较高，包括当着孩子的面抽烟（18.9%）、说脏话（14.1%）、酗酒（10.9%）、随地吐痰（6.6%）等。同时还发现，近50%的照养人在过去一周内动手打过孩子，同时照养人受教育程度越低，越经常出现严厉惩罚、语言恐吓等行为，81.8%的照养人感到缺乏有效的教育方法。②

因此，对农村早期养育加大投入后，就需要考虑如何

---

① 参见李英、贾米琪、郑文廷、汤蕾、白钰《中国农村贫困地区儿童早期认知发展现状及影响因素研究》，《华东师范大学学报》（教育科学版）2019年第3期。

② 数据来源：2022年《农村婴幼儿家庭照护情况》。

对投入进行合理的分配，具体投入到哪些方面，如何通过投入促进农村地区的早期养育等问题，进而促进农村地区儿童早期发展。最直接的投入即为提高婴幼儿照养人的早期养育知识，改善照养人的养育行为。例如，完善家庭政策和科学育儿指导，提高农村家庭照养人照护能力。发挥政府的主导作用，通过制定家庭支持政策来满足婴幼儿家庭的需求。家庭支持政策是政府和社会向家庭提供的政策、资金和服务支持，为家庭育儿提供支持，建立儿童发展与教育的长效机制。通过积极开展婴幼儿照养人入户指导，普及科学早期养育知识、家长课堂等服务和科普教育活动。也可尝试通过优质机构、行业协会开发公益课程，利用互联网平台等免费开放，依托居委会、村委会、村卫生室等基层力量提供科学养育指导服务，提高农村家庭照养人照护能力。在此基础上建立常态化指导督导机制，加强政策宣传引导，强化家庭监护婴幼儿的主体责任。也可借鉴西方经验，向家庭提供婴幼儿照护津贴，使父母在婴幼儿照护方面有更多的选择。

三、探索综合型农村婴幼儿早期养育服务模式

推进多种模式结合的早期养育服务模式。我国东、

中、西部地区存在较大差距，农村地区人口居住相对分散，县城以外绝大多数农村地区都没有婴幼儿照护服务资源，农村家庭更多依赖上门提供的指导服务，并且对服务的支付意愿不强。应充分利用我国完善的县、乡、村三级卫生体系，因地制宜，选取育婴辅导员入户方式、中心型、小组型或者多种方式结合的形式。由县级卫生部门统筹督导，在乡镇卫生院设立督导员，在村一级聘请育婴辅导员入户进行家庭照护指导。

打通农村儿童早期发展与现行托育政策体系的衔接路径。"十四五"规划要求，到2025年，努力实现每千人口拥有3岁以下婴幼儿托位数达到4.5个。[①] 这一目标对于人口较多、收入水平较低的农村地区不太可行。可以考虑打通农村儿童早期发展和托育政策的有效衔接，将入户家访或者养育中心服务所覆盖的儿童数量按照一定的比例视为等同于提供了托育服务并给予相应的政策支持，这样既有利于"十四五"规划关于托位目标的实现，也可以极大地促进农村儿童早期发展服务的推广实施。

发展多样化的托育服务模式。研究并探索家庭托育点服务模式。当前，在多数农村地区未形成"儿童优先"或"儿童友好"的早期发展环境，既没有在社区范围内为婴

---

① 数据来源：《中国儿童发展报告（2022）》。

幼儿家庭提供方便，也没有配备相应的人力、物力进行针对性照护服务。当前托育服务供给机构主要分布在城市，无法满足农村的需求。国家卫健委的数据显示，0～3岁婴幼儿在我国各类托幼机构的入托率仅为4%，农村地区这一数据更低，法国等欧洲国家的入托率可以达到50%。[①]部分农村偏远地区婴幼儿分布分散，建立托育机构的成本相对较高。可通过探索推进家庭托育服务发展来实现对农村婴幼儿的照护。0～1岁婴幼儿适宜居家养育和入户照料为主，2～3岁婴幼儿适宜居家养育（结合托育）。政府通过建立家庭式托育的相关规范化标准，制定家庭式托育服务的相关法律法规，实现小规模的托育服务；鼓励有条件的村级幼儿园向下延伸提供托育服务，加强卫生健康部门与教育部门之间的沟通及互认机制，实现幼儿园下沉做托育，发展托幼服务资源场地共享、师资人员融通的托幼一体化的服务模式。

四、为婴幼儿早期养育提供人才和技术支持

加强农村婴幼儿照护人才培养，强化专业技能培训。针对人才供给不足的现状，要根据教育部专业调整相关要

---

① 数据来源：《中国生育成本报告（2022）》。

求，系统培育婴幼儿照护人才，大力扶持开放大学、职业院校、高等学校等增设0～3岁婴幼儿照护相关专业。推动婴幼儿照护从业人员资格认定，建立完善养育师职业资格认证标准。通过提高工资待遇和增加补贴等多种方式，加大对从业人员的吸引力，减少人员流失。并充分赋能利用具有良好群众基础和工作意愿的在村妇女群体，就地招聘和培训初中学历以上的人员、壮大本土婴幼儿照护的服务队伍，通过专业培训加强服务的专业度，争取纳入国家职业资格目录。

第七个问题

如何提升农村医疗和健康服务水平？

把乡村医疗健康服务摆在乡村振兴的重要位置，以基层为重点，以体制机制改革为驱动，加快县域优质医疗卫生资源扩容和均衡布局，推动重心下移、资源下沉，打造专业化、规范化的乡村医疗卫生人才队伍，健全适应乡村特点、优质高效的乡村医疗卫生体系，让广大农民群众能就近获得更加公平可及、系统连续的医疗卫生服务。

一、健全乡村医疗卫生服务体系，强化医疗卫生资源统筹布局

1. 加强乡村医疗机构建设，推进医疗卫生服务信息化

政府要加大对医疗卫生体系建设的投入力度。建立与医院功能相适应的基本医疗设备、设施投入机制，提供乡

村医疗机构设备购置、修缮等必要的发展建设资金，改善乡村卫生医疗服务场所条件，落实大型基础设施建设项目配套资金，保障病人基本医疗需求的实现。同时，加大对医疗新业务、新技术及医学科研的扶持力度，对传统中医、中药学科实行人财物扶持和政策倾斜，推动基层医院各学科全面进步。

加快推进县域内医疗卫生服务信息化。持续推进覆盖全省医疗卫生机构的互联互通省级全民健康信息平台建设。持续推动"互联网＋医疗健康"便民惠民行动，推动"互联网＋签约服务"，充分发挥全省统一建设的基层医疗卫生机构管理信息系统功能，构建线上线下一体化家庭医生签约服务模式。

2. 优化乡村医疗卫生机构布局，拓展医疗卫生体系服务功能

优化乡村医疗卫生机构布局。健全完善乡村医疗卫生服务网络，在每个乡镇办好一所乡镇卫生院。选建一批乡镇中心卫生院，使其逐步达到二级医院服务能力。指导地方做好项目谋划、完善项目前期工作，各级政府在优化乡村医疗卫生机构投入中统筹安排建设资金，支持乡镇中心卫生院建设。根据乡镇卫生院服务范围和村级人口的分布情况，调整优化行政村卫生室设置。立足县域人口流动变

动趋势和乡村形态变化实际,建立完善县域巡回医疗和派驻服务工作机制。

强化和拓展县域医疗卫生体系服务功能。指导各地加强县级医院提标扩能建设,推进县医院综合能力提升工程。开展乡村医疗卫生基本公共服务提升行动。开展基层中医治未病服务、中医康复服务,新建或异地新建的乡镇卫生院要设置中医科,并规划设计中医综合服务区。同时,加强乡村医疗卫生体系疾病预防控制能力建设。强化综合医院和传染病专科医院传染病救治能力建设,建立完善医疗机构与疾病预防控制机构公共卫生人员交流机制,推动医疗服务与公共卫生服务协同融合发展。加强县级疾控机构基础设施建设,健全完善政府公共卫生事业长效投入保障机制。实施疾病预防控制体系现代化建设项目,改善疾控机构基础条件。完善县级疾控机构和乡村医疗机构联动工作机制,推进公共卫生与医疗救治有机结合。

二、发展壮大乡村医疗卫生人才队伍,提升乡村医疗卫生服务水平

1. 创新人才使用机制,拓宽渠道引才用才

创新人才使用机制。进一步完善人才招聘政策,创新

招聘方法、简化招聘程序，根据实际制定招聘条件，落实用人单位在人员招聘和人才引进等方面的自主权，推动医疗人才流向乡村。鼓励退休医务人员到乡村医疗卫生机构服务，增加乡村医生队伍总量。实施"县聘乡用""乡聘村用"一体化管理模式，适度放宽招聘条件，引导和激励培训合格的助理全科医生到村卫生室工作。加大基层专技人员职称评聘激励机制。逐步实现将乡村一体化管理的村卫生室执业（助理）医师纳入乡镇卫生院职称评聘。打破户籍、地域、身份、人事关系等制约，顺畅城乡之间、地区之间和不同所有制医疗卫生机构之间的人才流动，加强医院、基层医疗卫生机构、专业公共卫生机构之间的人才协作。发挥政策集成效应，吸引卫生人才向基层、乡村振兴重点帮扶县和艰苦边远地区流动。

提高乡村医生待遇。政府财政部门加大乡村医生经济投入力度，设计合理补助方式与额度，逐步提高乡村医生的待遇水平。同时，建立适合乡村医生特点的医疗风险分担机制[①]，鼓励乡村医生参加医疗责任保险，减少乡村医生行医过程中不必要的成本。此外，实施专项补助与付费购买相结合、资金补偿与服务绩效相挂钩的绩效薪酬机

---

① 沙奇科、王小合：《共同富裕背景下乡村医生队伍建设存在问题与对策——以浙江省余姚市为例》，《中国农村卫生事业管理》2022年第9期。

制，评奖评优政策向乡村医生倾斜，促进人才沉淀在村卫生室。

建立乡村医生退出机制，优化乡村医生队伍结构。建立乡村医生养老保险制度，对在岗乡村医生实施养老保险缴费补助，提高乡村医生养老保障水平，解除其养老的后顾之忧。在此基础上，制定科学合理的乡村医生到龄退出机制，达到退休年龄的乡村医生原则上不再进行执业注册，确有需要的，可以返聘其继续执业，对离岗乡村医生给予一定生活补助，不断优化乡村医生年龄结构，推动乡村医生队伍更新换代步伐和职业化发展。同时，随着高学历的青年医生进入乡村医生队伍，需要采取更多配套措施防止人才流失，包括改善环境、提供保障、促进身份转变等，从根本上形成推动乡村医生队伍职业化建设的政策合力。

2. 加大乡村医生培育力度，提升乡村医生能力水平

加大乡村医生培育力度。拓宽乡村医生培育渠道，可以采取定向培养的方式，与省内医学院校合作，实行定向招录、定向分配、定向就业和专项补助，统一调配到村卫生室工作。同时，可以适当放宽条件开展定向招聘乡村医生，并纳入事业编制统一管理，吸引高素质人才从事村医工作。实施乡镇卫生院医生职称晋升前下村工作，创造条

件促进中青年骨干医务人员下沉服务，进一步优化乡村医生人员结构。此外，进一步拓展乡村医生职业化发展通道，对纳入事业编制管理的乡村医生，给予一定服务期限后，可以在医共体内向上流动的机会，彻底破除乡村医生被边缘化的窘境。

提升乡村医生能力水平。加大在岗乡村医生定期培训力度，更新乡村医生的知识体系，帮助乡村医生在学习和工作过程中建立全科医疗的思维，做好基层群众医疗的一线力量，重点是要培养乡村医生的实践能力。鼓励符合条件的在岗乡村医生进入医学院校接受在职医学学历教育，提高整体学历层次。根据农村居民实际需求和乡村医生服务能力，推动乡村医生参与家庭医生签约服务，充分发挥乡村医生农村居民健康守门人的作用。

三、加强医共体建设共享优质资源，完善乡村医疗卫生体系运行机制

加快构建紧密型县域医共体，弥补城乡医疗卫生服务差距。全面推进紧密型县域医疗卫生共同体建设。按照"以收定支，收支平衡，略有结余"原则，结合深入推进医保支付方式改革和基本医疗保险市级统筹，对内部已完

成人、财、物全面整合的县域紧密型医共体，积极推进实行"总额付费，监督考核，结余留用，合理超支分担"付费方式，落实医共体牵头医疗卫生机构对医共体内各成员医疗卫生机构规范合理使用医保基金的内部监督管理责任，强化激励约束。鼓励对医共体内各医疗卫生机构负责人实行年薪制。加强医共体绩效考核，引导资源和患者向乡村两级医疗卫生机构下沉。推动乡镇卫生院与县级医院用药目录衔接统一、处方自由流动。

健全城市支援健康乡村建设机制，实现以城带乡、城乡互补。按照"省级医院对市县级医院、市县级医院对乡镇卫生院（社区卫生服务中心）、乡镇卫生院对村卫生室"的原则，全面统筹医疗资源，通过医联体、医共体等多种形式，面向偏远、边境、卫生资源薄弱乡村，组织开展对口帮扶、巡回医疗，帮助支持指导基层医疗卫生机构高质量发展，逐步提高基层诊疗量。

强化城乡医疗一体化管理，建立分级诊疗制度、双向转诊制度和利益共享机制。建立信息共享机制，基于信息技术和信息流，按照标准化和规范化的建设要求和流程实现信息共享，使整个医共体具有较高的信息交流水平，保证信息共享的质量与效率。同时，建立县乡村一体化管理平台，形成资源开放共享、各类医疗资源精准调配等一体化管理服务，促进县域医疗资源合理流动。此外，基于信息化建设的业务流程优化，让乡镇分院和县医院为患者提供专业化分工下的协同服务，在提高乡镇卫生院各类医疗资源统筹效率的同时充分发挥基层首诊和慢病稳定期服务功能，使县医院可以更多地集中于为技术难度和质量要求较高的急性期疾病与手术住院服务，增强整个医共体的医疗服务效能。

四、提高农村医疗保障水平，完善农村医疗保障体系

巩固拓展医疗保障脱贫攻坚成果。落实分类资助农村低收入人口参保政策，继续对农村特困人员参保给予全额资助、对低保对象参保给予定额资助；过渡期内脱贫不稳定且纳入相关部门农村低收入人口监测范围的，资助标准由各省（自治区、直辖市）根据经济社会发展水平和城乡居民基本医保筹资标准合理确定。对高额医疗费用支出进行预警监测，健全因病返贫致贫的风险保障长效机制。

加大医保基金支持力度。进一步提高医保基金对乡村医疗卫生机构的总额预算指标。积极通过乡村一体化管理实现村卫生室医保结算，明确将村卫生室纳入医保协议管

理范围。支持分级诊疗模式和家庭医生签约服务制度建设，拓展家庭医生签约服务范围，推进家庭医生签约服务提质。将基层医疗机构门诊辅助检查、适宜的中药、体现中医特色优势的中医适宜技术纳入医保报销目录，将符合规定的门诊中医药服务纳入普通门诊、门诊慢特病保障范围。

优化农村医保管理服务。将适合基层办理的高频医保服务事项向乡镇及以下医保定点医疗机构延伸，实现医保业务方便办、就近办。积极强化医保基金监管，将医疗保障基金监管相关工作任务纳入年度考核指标，市级医疗保障部门对基层医疗机构按规定程序及检查机构比例开展现场检查工作。定期开展医保政策、业务办理、工作要求等方面知识培训，指导乡村医疗卫生机构医务人员规范开展医保相关业务。

第八个问题

如何建立农村养老服务制度？

近年来，我国的人口老龄化程度不断加深，老龄人口的比例不断升高，养老问题越来越被重视。长期以来，随着城市化进程的加快，农村的年轻劳动力流向城市，导致我国农村的老龄化问题相较城市更加突出。根据 2020 年第七次人口普查的数据，在乡村地区，60 岁及以上的老年人占总人口的 23.81%，65 岁及以上的老年人占总人口的 17.72%，分别比城镇地区高出 7.99 个百分点和 6.61 个百分点。但是，农村地区老年人的生活保障、能享受的养老服务等相对于城市都有着较大差距。因此，在农村地区建立养老服务体系，是未来和美乡村建设的重要内容。

老年人承载了乡村文化，见证了时代变迁和乡村发展历程，有着在乡村中维护社会关系、促进乡村和谐的重要作用，是留住乡村韵味和风情的重要力量。老年人不仅是村庄里的长辈,还是许多活动、仪式和节日的重要参与者。他们的参与能够增加村庄和社区的凝聚力、归属感,使农村社会更加和谐。在乡村振兴战略背景下,建设农村养老服务体系是打造和美乡村的关键之举。

一、建立居家养老与社会化服务相结合的社会养老服务模式

一方面,随着城市化进程加深,大部分年轻人都在城市打工,而老年人离开农村地区随子女迁至外地的意愿并不强,使得子女与老年人长期分离,这就导致子女不能直接对老年人进行照料服务,传统的家庭养老模式受到挑战。另一方面,农村地区的亲缘社会关系、文化氛围和生活方式更适合农村老年人,集中养老模式会在很大程度上改变农村老年人的生活方式。因此,在养老方面,农村地区应该以居家养老与社会化服务相结合的养老模式为主。

居家养老服务是养老地点的"居家"与社会化的"养老服务供给"的交叉组合形式,包括上门入户服务和户外服务[①]。在居家养老服务如子女的赡养相对缺失的情况下,采用居家养老与社会化服务相结合的方式更加适合农村老

---

① 陈友华:《居家养老及其相关的几个问题》,《人口学刊》2012年第4期。

年人的养老需求。目前，许多地区的村一级缺乏社会化的公共服务，老龄人口获得的服务较为匮乏。针对此，要在村一级设立社会化服务机构，包括医疗服务、生活服务和心理健康服务等，可以对村内剩余劳动力进行基础培训，使其成为本土的养老服务专业队伍，激活农村剩余劳动力。同时，积极引入更高一级如乡镇和县级的专业队伍进行周期性的服务，如定期体检和组织文化活动等。

首先，针对老年人的饮食问题，应该在农村地区建立起"爱心食堂"。如有些高龄和失能、半失能老年人体力和行动能力较差，无法自主做饭，长期依靠子女或亲友送饭，面对这些老人，通过政府补贴或社会捐助在农村设立低偿或无偿的食堂或公共餐厅。同时，考虑到老年人的身体状况，"爱心食堂"要设立在离大部分老年人住址较近的位置，提供适合老年人健康的饮食。针对行动极其不便的老人，还要提供送餐上门服务，保证老年人能够获得安全方便的饮食保障。

其次，针对老年人的日常生活照料问题，要对老年人的基本情况作出了解，建立起老年人的身体情况、家庭情况档案，对老年人的养老需求开展精准服务。要推动专门工作人员的发展，提高养老服务专业工作人员的工资待遇，同时辅以志愿组织的志愿者服务。

最后，要鼓励农村的互助养老模式。互助养老模式融合了传统家庭养老和社会养老的优点，鼓励亲友邻里互助、低龄老人与高龄老人的"轻老互助"、社会团体间的互助等①。农村地区老年人有着较强的社会联系，将农村养老模式与乡村文明、乡风建设相结合，鼓励村集体在生活方面互相服务，鼓励外出务工人员回乡担任志愿者回报乡村。在村一级设立互助机构，利用村里的闲置资源，作为互助机构设立的基础。

二、建立集中养老机构

在以居家养老服务为主的同时，建立一些集中养老的机构依然有其必要性。应通过建立养老院或其他养老养护机构，为老年人提供生活照料、医疗护理等服务和基础设施，使老年人在养老机构里安度晚年。

首先，一些生活不能自理的失能或半失能、需要全天候照顾的老年人，或者孤寡老人，需要养老机构进行看护。作为居家养老模式的补充，这类养老机构应该作为保证养老服务的底线支撑，接收一些陷入极端困境的老年

---

① 赵志强：《农村互助养老模式的发展困境与策略》，《河北大学学报》（哲学社会科学版）2015年第1期。

人，为其晚年提供照料服务，避免这些老年人陷入无助的境地。

其次，对于一些长期居家接受子女照料的老年人，子女外出务工或出差时可以交由养老机构进行短期的托管，以作为家庭养老的补充。养老机构也包括一些养老社区，施行"日托"性质的养老服务，老年人白天进入养老机构，参与社区性、集体性的休闲活动并接受日间照料，养老社区提供公共的饮食和场地服务并开展文化活动，而夜间生活性的其他活动依然居家进行，实行与城市社区类似的"家院互融"的养老模式。

在管理上，村级养老院要避免过度复制城市养老院的运行模式，要因地制宜地考虑农村地区老年人的费用负担能力及真正养老需求。养老院的工作人员应当具有医疗、护理、烹饪等职业技能，并具有足够的经验，能够提供全天候的看护服务，为老年人的身体健康和疾病检测治疗提供基本保障。此外，需要制定人性化的服务政策，为老年人提供精神慰藉和支持，尽可能满足老年人的各种需求，保障他们的身心健康，避免老年人在养老院中受到冷落甚至虐待的情况发生。

三、完善养老保险制度，创新养老基金模式

养老资金方面，目前农村地区老年人的养老资金主要由子女赡养的家庭资金和养老保险的社会资金两部分构成。2009年9月，国务院决定在全国开展新型农村社会养老保险（以下简称新农保）试点，新农保在全国各地开始推进，2020年前基本实现对农村适龄居民的全覆盖。随后，各地又逐步出台了城乡居民社会养老保险的相关制度，将未加入企业职工养老保险的城市居民和农村居民纳为一体，逐步建立起城乡统筹的社会养老资金制度。新农保和城乡居民养老保险的设立，对农村老年人的生活发挥了重要的作用，显著提高了农村老年人的收入水平、减少了贫困的发生、提高了其主观福利[1]。

第一，要进一步加大社会养老保险的覆盖范围和选择范围，使养老资金针对不同人群确定不同的资金额度和使用范围。目前各地养老资金的项目类别和档位选择不多，无法精确地覆盖每个家庭的具体需求。同时，要逐步提高养老金的标准，目前农村地区的养老金标准较城市地区有着较大的差距，而城市地区与农村地区的社会保障差距已

---

[1] 张川川、John Giles、赵耀辉：《新型农村社会养老保险政策效果评估——收入、贫困、消费、主观福利和劳动供给》，《经济学（季刊）》2015年第1期。

成为影响农村居民居住意愿和城市流动人口回流意愿的重要因素。

第二，鼓励农村合作养老基金的发展。首先，对于养老项目和养老服务的投资基金，目前仍大多来源于政府投资，但各地发展不平衡，导致很多地区政府没有足够资金可以投入。其次，由于农村地区的经济落后，商业性投资不愿进入农村。最后，社会性资本和捐助任意性太强，没有可靠机制保证长期有效的资金来源。在这种情况下，要鼓励乡村内部进行合作。可以通过合作社、村委会层面设立村级养老基金，鼓励村内大户、外出务工获得一定积蓄的村民投资作为启动资金，并建立相对科学和完善的会计制度和管理制度。同时，宣传吸引村民加入投资村级养老基金，村民集体决定资金的使用途径，可以用于村民的医疗费用、养老项目的投资、养老服务的购买等，形成一套村内可循环的养老资金制度。许多老年人的子女长期在外工作，导致农村有很多留守老人，且随着社会养老服务的出现，子女赡养老人的责任意识下降，容易出现子女间互相推诿、父母与子女因养老产生矛盾等现象。在这方面，村里可以凭借社会或政府资金设立"孝善基金"，子女定期通过村委会向老人交纳赡养费用，村委会在此基础上进行一定的补助，以此提高子女对父母赡养义务的落实。同时要求，子女在交纳赡养费用时务必亲自到场，以此增加子女探望老人的频率。这样既解决了一部分养老资金来源问题，也加深了子女的养老义务责任意识，增加了老年人与子女的亲情联系。

第九个问题

如何改善农村人居环境？

改善农村人居环境是习近平总书记和党中央从战略和全局高度作出的重大决策部署，事关广大农民根本福祉，事关农民群众健康，事关美丽中国建设。《中共中央 国务院关于做好2023年全面推进乡村振兴重点工作的意见》提出，要扎实推进宜居宜业和美乡村建设，其中一项重要举措便是深入推进农村人居环境整治提升。

2018年，党中央、国务院决策部署实施农村人居环境整治三年行动，全面扎实推进农村人居环境整治，取得了积极显著的成效，扭转了农村长期以来存在的脏乱差局面，村庄环境基本实现干净整洁有序，农民群众环境卫生观念发生可喜变化、生活质量普遍提高，为全面建成小康社会提供了有力支撑。

但值得注意的是，我国农村人居环境总体质量水平尚待进一步提升，还存在区域发展不平衡、基本生活设施不完善、管护机制不健全等问题，这与和美乡村建设的目标要求还存在差距。因此，要加快农村人居环境整治提升，以人居环境整治提升促进和美乡村建设。

一是扎实推进农村厕所革命。首先，要结合实际，逐步普及农村卫生厕所，推动有条件地区的新改户厕所入院入室，设计配套的卫生厕所及粪污处理设施设备；重点推动中西部地区农村户厕改造，合理规划布局农村公共厕所，加快建设乡村景区旅游厕所，落实公共厕所管护责任，强化日常卫生保洁。其次，要因地制宜，切实提高改厕质量，科学选择改厕技术模式，宜水则水、宜旱则旱，遵照先试点、后推广的实施逻辑，切实提升改厕质量；同时将标准化建设融于农村改厕全过程，严格执行改厕标准，并加强生产流通领域农村改厕产品质量监管，把好农村改厕产品采购质量关，强化施工质量监管。最后，要因势利导，加强厕所粪污无害化处理与资源化利用，推进厕所粪污分散处理、集中处理与纳入污水管网统一处理，鼓励联户、联村、村镇一体处理，鼓励厕所革命与生活污水处理统筹一体化同步建设；同步推进农村厕所粪污资源化利用，统筹使用畜禽粪污资源化利用设施设备，逐步推动厕所粪污就地就农消纳、综合利用，从而从源头治理角度为和美乡村建设提供保障。

二是加快推进农村生活污水治理。首先，坚持分区分类思想指导，优先治理水质需改善的区域，重点整治水源保护区和人口居住集中区域的农村生活污水；同时，可针对典型地貌地区和生态脆弱区域开展农村生活污水治理试点，以资源化利用、可持续治理为导向，选择符合农村实际的生活污水治理技术，优先推广运行费用低、管护简便的治理技术，积极推进农村生活污水资源化利用。其次，加大农村黑臭水体治理力度，摸清黑臭水体底数，建立治理台账，明确治理优先序，并创新开展农村黑臭水体治理试点；同时，以房前屋后河塘沟渠和群众反映强烈的黑臭水体为重点，采取控源截污、清淤疏浚、生态修复、水体净化等措施综合治理，基本消除较大面积黑臭水体，并形成一批可复制、可推广的治理模式，为和美乡村建设提供人居环境末端治理的创新方案。

三是全面提升农村生活垃圾治理水平。首先，要健全生活垃圾收运处置体系，持续完善"户分类、村收集、镇转运、县处理"的垃圾处理模式，统筹县乡村三级设施建设和服务，因地制宜采用小型化、分散化的无害化处理方式，降低收集、转运、处置设施建设和运行成本，构建稳定运行的长效机制，加强日常监督，不断提高运行管理水平，做好人居环境整治的中间环节管理工作。其次，要推进农村生活垃圾分类减量与利用，加强重视农村生活垃圾的源头治理和分类减量，并积极探索符合农村特点和农民习惯、简便易行的分类处理模式，减少垃圾出村处理量；要注意因地制宜地推进农村可回收垃圾资源化利用、易腐烂垃圾和煤渣灰土就地就近消纳、有毒有害垃圾单独收集贮存和处置与其他垃圾无害化处理。最后，要协同推进农村有机生活垃圾、厕所粪污、农业生产有机废弃物资源化处理利用，以村镇为单位建设农村区域有机废弃物综合处置利用设施，探索就地就近就农处理和资源化利用的路径。

四是推动村容村貌整体提升。首先，要持续改善村庄公共环境。清理违建、整治残垣，通过集约利用村庄内部闲置土地等方式扩大村庄公共空间；同时注意加强农村电力线、通信线、广播电视线"三线"维护梳理工作，因地制宜开展线路违规搭挂治理；还要健全村庄应急管理体系，合理布局应急避难场所和防汛、消防等救灾设施设备，畅通安全通道，搭建农村人居环境安全屏障。其次，要持续推进乡村绿化美化。深入实施乡村绿化美化行动，突出保护乡村山体田园、河湖湿地、原生植被、古树名木等，因地制宜开展荒山荒地荒滩绿化，加强农田、牧场和防护林建设和修复。最后,要加强乡村风貌引导。大力推进村庄整治和庭院整治,编制村容村貌提升导则,优化村庄生产生活生态空间,促进村庄形态与自然环境、传统文化相得益彰;同时,要加强村庄风貌引导,突出乡土特色和地域特点,不搞千村一面,也不搞大拆大建,建设具有乡土特色的和美农村人居环境。

五是建立健全长效管护机制。首先,要持续开展村庄清洁行动,大力实施以"三清一改"[①]为重点的村庄清洁行动,突出清理死角盲区,由"清脏"向"治乱"拓展,由村庄面上清洁向屋内庭院、村庄周边拓展,引导农民逐步养成良好卫生习惯;同时结合风俗习惯、重要节日等,组织村民清洁村庄环境,通过"门前三包"等制度明确村民责任,提高村民建设和美乡村的主人翁意识,推动村庄清洁行动制度化、常态化、长效化。其次,要健全人居环境长效管护机制,以人居环境整治促进和美乡村建设必须健全长效管护机制,要厘清职能、分清职权,建立健全有制度、有标准、有队伍、有经费、有监督的村庄人居环境长效管护机制;同时,可利用公益性岗位机制,借鉴脱贫攻坚成果经验,优先聘用低收入农户为管护人员。最后,可

---

① "三清一改"即清理农村生活垃圾、清理村内塘沟、清理畜禽养殖粪污等农业生产废弃物,改变影响农村人居环境的不良习惯。

探索污水垃圾处理处置付费机制，探索建立农村厕所粪污清掏、农村生活污水垃圾处理农户付费制度，以此为切口，探索建立基础设施运行管护社会化服务体系，提高人居环境提升的服务费、管护费、运维费市场化水平，并逐步建立农户合理付费、村级组织统筹、政府适当补助的运行管护经费保障制度，合理确定农户付费分担比例。

六是充分发挥农民主体作用。首先，借助基层组织来激发农民自主能动性，通过基层党组织建设，充分发挥农村基层党组织领导作用和党员先锋模范作用，带领农民在农村人居环境建设和整治中深入开展和美乡村建设共同缔造活动；同时，要健全党组织领导的村民自治机制，村级重大事项决策实行"四议两公开"，充分运用"一事一议"筹资筹劳等制度，引导村集体经济组织、农民合作社、村民等全程参与农村人居环境相关规划、建设、运营和管理，并健全完善农村人居环境整治提升相关项目公示制度；此外，鼓励通过政府购买服务等方式，支持有条件的农民合作社参与改善农村人居环境项目，并引导农民或农民合作组织依法成立各类农村环保组织或企业，吸纳农民承接本地农村人居环境改善和后续管护工作，多方发力，共筑和美乡村。其次，要加大力度普及文明健康理念，发挥爱国卫生运动群众动员优势，加大健康宣传教育力度，普及卫生健康和疾病防控知识，倡导文明健康、绿色环保的生活方式，提高农民健康素养；要持续加强精神文明建设，以转变农民思想观念、推行文明健康生活方式为核心内容，把提高公共素质、养成文明习惯等通过多种方式，推广普及至学校、家庭、社会教育中，巩固拓展以精神文明建设促进和美乡村建设的工作成效。最后，要持续完善村规民约，鼓励将村庄环境卫生等要求纳入村规民约，对破坏人居环境行为加强批评教育和约束管理，引导农民自我管理、自我教育、自我服务、自我监督，提高村民维护村庄环境卫生的主人翁意识，并倡导各地制定公共场所文明公约、社区噪声控制规约等文明行为规范。

第十个问题

如何加强村庄规划？

实施乡村振兴战略要坚持规划先行、有序推进，做到注重质量、从容建设，要通盘考虑土地利用、产业发展、居民点布局、人居环境整治、生态保护和历史文化传承，编制"多规合一"的实用性村庄规划。2019年5月，中共中央、国务院印发《关于建立国土空间规划体系并监督实施的若干意见》，将村庄规划定位为城镇开发边界外乡村地区的详细规划，是乡村地区开展国土空间开发保护活动、实施国土空间用途管制、核发城乡建设项目规划许可、进行各项建设等的法定依据。各地近年来的实践也表明，村庄规划在实施乡村振兴战略中发挥了不可替代的作用。浙江省从启动"千村示范、万村整治"工程到建设美丽乡村，其最重要的一条经验就是以科学规划为先导，一张蓝图绘到底，久久为功搞建设。

一、村庄规划工作原则

依据《关于建立国土空间规划体系并监督实施的若干意见》，做好村庄规划需要把握好以下几点原则：第一，坚持先规划后建设，通盘考虑土地利用、产业发展、居民点布局、人居环境整治、生态保护和历史文化传承。第二，坚持农民主体地位，尊重村民意愿，反映村民诉求。第三，坚持节约优先、保护优先，实现绿色发展和高质量发展。第四，坚持因地制宜、突出地域特色，防止乡村建设"千村一面"。第五，坚持有序推进、务实规划，防止一哄而上，片面追求村庄规划快速全覆盖。

二、村庄规划的主要任务

村庄规划的中心任务主要包括以下几点内容：第一，统筹村庄发展目标。落实上位规划要求，充分考虑人口资源环境条件和经济社会发展、人居环境整治等要求，研究制定村庄发展、国土空间开发保护、人居环境整治目标，明确各项约束性指标。第二，统筹生态保护修复。落实生态保护红线划定成果，明确森林、河湖、草原等生态空间，尽可能多地保留乡村原有的地貌、自然形态等，系统保护好乡村自然风光和田园景观。加强生态环境系统修复和整治,慎砍树、禁挖山、不填湖,优化乡村水系、林网、绿道等生态空间格局。第三,统筹耕地和永久基本农田保护。落实永久基本农田和永久基本农田储备区划定成果,落实补充耕地任务,守好耕地红线,推动循环农业、生态农业发展。完善农田水利配套设施布局,保障设施农业和农业产业园发展合理空间,促进农业转型升级。第四,统筹历史文化传承与保护。深入挖掘乡村历史文化资源,划定乡村历史文化保护线,提出历史文化景观整体保护措施,保护好历史遗存的真实性。防止大拆大建,做到应保尽保。加强各类建设的风貌规划和引导,保护好村庄的特色风貌。第五,统筹基础设施和基本公共服务设施布局。在县、乡(镇)范围内统筹考虑村庄发展布局以及基础设施和公共服务设施用地布局,规划建立全域覆盖、普惠共享、城乡一体的基础设施和公共服务设施网络。以安全、经济、方便群众使用为原则,因地制宜提出村域基础设施和公共服务设施的选址、规模、标准等要求。第六,统筹产业发展空间。统筹城乡产业发展,优化城乡产业用地布局,引导工业向城镇产业空间集聚,合理保障农村新产业新业态发展用地,明确产业用地用途、强度等要求。除少量必需的农产品生产加工外,一般不在农村地区安排新增工业用地。第七，统筹农村住房布局。按照上位规划确定的农村居民点布局和建设用地管控要求，合理确定宅基地规模，划定宅基地建设范围，严格落实"一户一宅"。充分考虑当地建筑文化特色和居民生活习惯，因地制宜提出住宅的规划设计要求。第八，统筹村庄安全和防灾减灾。分析村域内地质灾害、洪涝等隐患，划定灾害影响范围和安全防护范围，提出综合防灾减灾的目标以及预防和应对各类灾害危害的措施。第九，明确规划近期实施项目。研究提出近期急需推进的生态修复整治、农田整理、补充耕地、产业发展、基础设施和公共服务设施建设、人居环境整治、历史文化保护等项目，明确资金规模及筹措方式、建设主体和方式等。

三、村庄规划的核心要点

1. 在村庄规划中合理安排乡村产业发展空间

乡村振兴战略的20字总要求中，首先一条就是"产业兴旺"。发展乡村产业，空间保障是重中之重。习近平总书记强调要加快发展乡村产业，顺应产业发展规律，立足当地特色资源，推动乡村产业发展壮大，优化产业布局。农村产业发展要考虑一二三产业不同的发展规律、乡村功能、基础设施配套、生态环境保护、土地节约集约利用、劳动力和技术力量等多方面因素，既要坚持城乡融合，又要体现城乡有别，因地制宜、分类指导。要以县域为单元统筹考虑，针对不同类型的产业提供不同的空间载体：对工业企业，要坚持向园区集中，安排在县、乡（镇）的产业园区；具有一定规模的农产品加工要向县城或有条件的乡（镇）集聚。工业和农产品加工等需要考虑到规模效益，这些产业往往产业化程度高，配套基础设施及环境污染处理设施门槛高，不宜零散布局。相对集中既可降低配套成本，又能避免污染环境。对直接服务种植养殖业的农产品加工、电子商务、仓储保鲜冷链、产地低温直销配送等产业，原则上应集中在行政村村庄建设边界内。主要考虑这些产业需要靠近原料产地，保障产品新鲜度，相对集中布局可防止侵占耕地，还可充分利用村内的空闲地和劳动力。对利用农村本地资源开展农产品分拣、初加工、发展休闲观光旅游而必需的配套设施建设，在不侵占永久基本农田和生态保护红线、不突破国土空间规划建设用地指标等约束条件、不破坏自然环境和历史风貌的条件下，可在村庄建设边界外就近布局。主要考虑分拣、初加工作业更适合在田间地头完成，以降低运输成本；乡村旅游景观具有不可移动、不可替代性特点，农业采摘活动注重实地参与，服务配套需要依托资源。在此过程中，要注意守底线，保护环境和乡村风貌。

2. 在村庄规划中健全城乡基础设施统一规划

习近平总书记指出，"现阶段，城乡差距大最直观的是基础设施和公共服务差距大。农业农村优先发展，要体现在公共资源配置上。要把公共基础设施建设的重点放在农村，推进城乡基础设施共建共享、互联互通"[1]。近年来，乡村的基础设施和公共服务取得了长足进步，但与城镇相比差距仍然较大。我们在村庄规划的相关调研中也发现，这方面的供给还难以满足大部分农民对美好生活的向往。同时，从城镇化趋势角度看农村，以城乡融合的思路做好公共服务和公共基础设施建设要注意近远结合，避免资源浪费。从各地反映的情况看，有些村庄里的公共服务设施已经出现了闲置情况；有些村庄离城镇近，老百姓都选择到就近的县城或镇上看病、上学，也在一定程度上导致了村里公共服务设施的闲置。因此，要统筹布局基础设施、公益事业设施和公共设施。

具体来说，一是以县域为整体城乡统筹考虑，对于与城区、城镇距离较近的村庄，可将其纳入城镇生活圈，引导城镇市政公用设施和公共服务设施向乡村延伸和覆盖；

[1] 习近平：《论坚持全面深化改革》，中央文献出版社2018年版，第396页。

二是配置标准上，要强化县城综合服务能力，把乡镇建成服务农民的区域中心，既要保障合理需求，也要注意与本地区经济社会发展阶段相适应，量力而行，尽力而为；三是要注重村庄与村庄之间基础设施和公共服务设施的共建共享，以及各类设施之间的复合利用，提高资源利用节约集约水平。

3. 在村庄规划中保护好乡村特色风貌

乡村风貌是指基于自然地理环境和历史人文传统所形成的可感知的景观特征和文化内涵，主要包括良好的生态环境、优美的田园风光、有序的村庄格局、独特的乡村建筑等有形物质环境，乡村特色文化、风土人情、风俗习惯等非物质文化，也往往会以某种文化符号的形式体现在自然环境和人工建设等物质载体上。乡村特色风貌不是孤立的，会受到当地自然生态环境、历史文化传统、经济发展水平、乡村治理能力、村民认知意愿、制度政策变化等多方面因素的影响。习近平总书记高度重视乡村风貌保护，多次强调乡村建设要遵循乡村自身发展规律，充分体现农村特点，注意乡土味道，保留乡村风貌，留得住青山绿水，记得住乡愁。村庄规划工作要深入贯彻落实习近平生态文明思想及习近平总书记关于乡村风貌保护的重要指示批示，强化乡村特色风貌保护。一是开展乡村特色风貌的基础调查，摸清家底，全面掌握自然山水本底和历史文化遗存。二是强化底线约束，科学划定生态保护红线、永久基本农田、历史文化保护线、村庄建设边界等各类空间管控边界，将不挖山、不填湖、不毁林，保护好乡村的山水格局、田园风光、历史文化资源作为规划编制的基本原则。三是坚持城乡融合，合理确定村庄分类，优化村庄布点，严格保护历史文化名镇名村和传统村落，防止不切实际盲目拆村并居。四是加强对乡村各类建设的引导，明确建筑高度、开发强度等空间形态管控要求，体现乡土田园特色和风土人情，避免照搬城市的规划设计手法。另外，各地还可以因地制宜，利用当地的建设材料，发挥当地能工巧匠的作用，体现当地特点和建筑风格。

4. 在村庄规划各环节充分发挥农民主体作用

村庄规划怎么编、编得好不好，农民最有发言权。当前，不少地区反映，村庄规划工作中存在农民局外人的现象：一些农民存在"事不关己、高高挂起"的心态，对村庄规划工作缺乏主人翁意识；一些农民受限于信息不对称，想知道、想参与，却缺乏渠道；一些农民过于关注自身利益，规划有利的就遵从，不利的就抵触。解决好这一问题，就必须立足广大农民的切身利益，充分尊重农民意愿，提高农民的知情权、参与权和决策权，把村庄规划的过程变成组织农民、引导农民的过程，变成培育农民、提升农民文明素质的过程，真正让农民从"台下看戏"转为"台上唱戏"。一是强化村两委责任。紧紧依托村党组织和村民委员会开展村庄规划工作，发挥好第一书记、驻村工作队等的力量，注重发现、吸纳具有规划知识和一定眼界能力的人才参与到村庄规划工作中来。二是充分听取村民诉求和意见。加强驻村调研、入户访谈，深入了解村民的真实想法和诉求，找准规划重点，确保规划符合村民意愿。规划报批前，要经村民代表大会审议通过。三是引导农民参与规划管理。规划批准后，组织编制机关通过"上墙、上网"等多种方式及时公布并长期公开，方便村民了解和查询规划及管控要求。要把规划的约束内容作为村规民约的重要内容，引导村民依照村庄规划开展生产生活。要采取符合农村特点、农民群众喜闻乐见的方式，积极开展面向农民的村庄规划宣讲，既要传达给本村常住居民，也要让在外求学、务工人员了解相关情况。四是搭建联合行动平台，建立管理部门、规划设计单位、驻村（镇）规划师、社会投资主体和村集体、村民等多方参与的协商机制，共商共建共治共享。

第十一个问题

如何看待和美乡村建设中部分村庄的"空心化"问题?

随着我国城镇化的推进,农村大量的人口转移到城镇,这是改革开放的成果,也是经济社会发展的必然规律。而农村中有文化的青壮年劳动力流向城市、外地甚至国(境)外工作生活,造成农村人口在年龄结构上的极不合理分布;同时城乡二元体制和户籍制度的限制,以及村庄建设规划的不合理,导致村庄外延的异常膨胀和村庄内部的急剧荒芜,形成了村庄空间形态上的空心分布状况。对于和美乡村建设中部分村庄的"空心化"问题,既要看到农村"空心化"带来的问题,也要看到其提供的机遇、弹性、纵深和更多可能。一方面,不能简单粗暴地强制并村,而是要在基础设施建设、社会管理等方面要顺应形势发展的要求,逐步按照推进人口转移消亡的路径推进"空心村"合并。另一方面，要在人口"空心"的背景下做好耕地保护、土壤治理和高标准农田建设，提高土地多样化利用、规模种植养殖水平，将农村"空心化"作为耕地保护和发展现代规模特色农业的契机。

一、农村"空心化"特点

当前农村"空心化"问题主要表现出以下几个特点。

第一，农村劳动力数量不断减少，农村劳动力平均年龄和女性占比不断提高，全家迁移现象频发。随着农村青壮年劳动力人口不断外流，村庄老人、妇女和儿童等留守人口占常住人口比例和村内常住人口平均年龄不断提高，农村家庭存在方式基本以"386199部队"[①]为主体。与此同时，村庄内举家向外搬迁的现象时有发生，举家搬迁家庭占农村户籍比重不断提高，村庄内常住人口数量不断下降。

第二，农业种养殖结构对劳动力依赖程度不断降低、耕地撂荒、农业组织化程度低等现象时有发生。由于农业生产劳动力缺乏，留守农民整体劳动能力较弱，倾向于种植劳作较少的作物，如将"两熟"改"一熟"、"双季稻"

---

① "386199"部队指农村留守的妇女、儿童、老人构成的特殊群体。

变"单季稻"、农田种树等。而由于农业经营主体的长期缺失，部分地区一度出现耕地抛荒和农业产业组织化程度长期不足的情况。

第三，农村居民点向交通干线延伸，出现侵占耕地、一户多宅的现象。交通不便的自然村落面临着逐渐消亡处境，同时，随着新增居民住房随交通干线延伸，部分交通便利的村落或城镇周边农村新建居民点侵占耕地现象严重，并出现村庄内农户一户多宅、分布散乱、缺乏规划、基础设施配套难等问题。

第四，农村组织发展落后，农村社区治理水平不高。在农村"空心化"的背景下，村民自治进入低水平重复，民主监督和民主管理难以执行。在较低的村庄治理水平情况下，原子化的农民难以合作，各种合作组织成长缓慢。

二、农村"空心化"问题的原因分析

农村"空心化"问题形成的原因是复杂和多元的，主要有以下几点。

第一，城市化滞后于工业化。农村"空心化"问题产生的根本原因在于二元城乡结构下城市化速度滞后于工业化速度。户籍制度改革能否成功关键在于城市是否准备好或是否愿意为大量农村外出务工人口提供教育、医疗、社会保障等全部城市公共资源。如果大量的农村外出务工人口无法享受城市提供的稳定、充足的医疗、教育、社会保障等社会公共服务，他们就无法放弃基于农村户口和土地使用权而带来的医疗、教育等农村公共服务供给。

第二，农村土地制度、宅基地制度和农村社会保障制度以及农民乡土情结，导致"人走地留屋留"。我国农村的土地归集体所有，农民只有使用权没有所有权。在农业效益不高、土地难以产出利润时，农村中的耕地被粗放经营和撂荒，难以形成有效流转。宅基地取得的无偿性、使用的无限期性以及无留置成本性，使得村民更倾向于尽可能多地占有宅基地。粮食直接补贴、各项社会保障制度的完善，农民享有越来越多的合作医疗、最低生活保障以及养老保险等社会保障和福利，也都在一定程度上成为农民转换身份，彻底告别农村的阻力。农民对故土家园、乡村生活的眷恋等原因也使农民不愿意放弃村中住宅和耕地。

三、农村"空心化"问题的对策分析

综合来看，解决好农村"空心化"问题既不能操之过急，又不能置之不理，需要多措并举，综合发力。

第一，应推进城乡一体化发展。应该积极稳妥推进户籍制度改革，加快农民工市民化进程。户籍制度改革，就是要向农民工提供与城镇居民平等的医疗、教育、保险、住房等公共服务，吸纳农民工进城定居。加快土地制度改革，完善征地制度，逐步建立城乡统一的建设用地市场。同时完善农村集体土地征收办法，提高农民在土地增值中的分配比例，规范政府的征地行为等。适应农民工进城落户和城镇化的需要，应赋予农民工对承包土地、宅基地和集体资产股权的自主处置权，为农民实现土地财产权创造条件，有助于耕地、宅基地的流转。

第二，加强农业支持力度，发展多种农业形态经营模式，增加农业效益。在耕地资源少的地区，农业比较效益较低，从事农业难以吸引农民，造成农业发展的人力资源匮乏和耕地抛荒等问题。在这类地区，不仅要加大农业投入，还要大力发展农业的多功能性，如发展"农家乐"、旅游农业、创意农业等，增加农民收益。另外，目前的农业补贴方式是以承包耕地面积为依据而不是以是否种粮为依据，不能完全起到激励农民种植粮食作物的作用，也不利于农村耕地的流转合并和集中，需要改革农业补贴方式，持续降低农业生产经营成本，提高农民从事农业生产的积极性。

第三，加快培养新型农民，推动农村组织的发展。农村"空心化"的直接影响即是农业面临后继乏人的危险。要培养有文化、懂技术、会经营的新型农民，引进和造就各种专门人才。大力开展农民技能培训，培养农村科技带头人、农产品营销人才、农业科技推广人才，发展专业合作社的带头人等。积极发展农业职业教育，提高中等职业教育的质量。在培养新型农民的同时，还要注意推动各种农村组织的发展，提高农民的组织化水平，从而推动农业和农村的良好发展。

第四，加强村庄规划，合理进行宅基地整治。对于日益消亡的自然村落，要顺应经济发展的规律，通过行政的办法和经济的激励措施鼓励剩余人口向中心村转移。在这个过程中，要处理好农民的权益，包括集体经济的收益权、土地的承包经营权和宅基地的使用权等，推动权益有序地转移。对村庄原有的区域，宜垦则垦、宜林则林、宜草则草，进行复垦、还绿、还草，把这些区域科学有效地利用起来。对于交通便利、新建住宅较多的村落，应该加强其用地规划和利用，加强宅基地管理。要因地制宜，根据村情不同，综合考虑社会、经济与生态效益，把宅基地整理与小城镇建设、中心村的扩展与自然村合并结合起来，使村庄建设既不浪费土地，又能满足广大群众生产、生活需要。

第五，提高村庄治理水平。农村"空心化"背景下，要根据农村外出务工人口的实际情况，增加外出人口作为村民代表的比例，合理调整村民代表会议、村民大会、村委会选举时间，严格控制委托投票，从而保障外出务工人口能够参与到村庄的公共事务管理中来。对留守在村的老人、妇女和儿童，要保证他们参与村庄公共事务的权利。要落实村务公开，保障村民的知情权，加强对村级组织的监督。基层政府要转变成向乡村社会提供公共服务的组织，并且要注意防止具有独立利益的黑恶势力向农村公共领域侵蚀。

第十二个问题

如何强化农村的生态建设？

乡村振兴战略背景下,要继续聚焦短板、巩固提升现有成果,进一步实现将"绿水青山"变成"金山银山"的目标,推动绿色发展,促进人与自然和谐共生。党的二十大报告提出,要"坚持可持续发展,坚持节约优先、保护优先、自然恢复为主的方针,像保护眼睛一样保护自然和生态环境,坚定不移走生产发展、生活富裕、生态良好的文明发展道路"。

一、完善生态建设保障体制,巩固拓展生态环境改善成果

1. 完善生态环境保障体制

完善的生态环境制度体系是顺利推进乡村生态振兴的

必要条件，要实现生态环境质量提升的目标，需要政策体系、组织体系、监督体系等保驾护航。生态环境保护的政策涉及诸多方面。首先，农村生态文明建设的顺利实现有赖于顶层政策体系的保障，针对生态环境所涉及的重点任务和关键环节，分层分类地研究和制定与农村生态环境特性相吻合的制度，不断完善制度体系，在《中华人民共和国乡村振兴促进法》基础上，科学构建出具有前瞻性、先进性、指导性和可操作性的生态环境保护规划，各地依据区域经济社会发展和农村地区特点，编制地方生态环境保护规划或制定实施方案，确保农村生态环境保护有序推进。其次，农村生态环境建设需要自上而下的组织体系统筹推进。乡村振兴阶段要健全生态环境保护组织体系，加强环保、林业、国土、水资源管理等方面的工作联动。最后，要完善政策的监督考核机制，健全司法协作机制，针对破坏生态、污染环境等的违法行为，建立完整细致的监督机制，维护生态环境的良好发展。

2. 巩固拓展生态环境改善成果

农村是生态系统的重要一环，荒山、沙漠、滩涂、森林、草原等资源均属于自然生态环境的重要组成部分，无论是在生态结构还是在生态功能方面都展现出明显的优势，因此在乡村振兴阶段，要继续加强对自然生态环境的治理与保护。针对荒山、沙漠、滩涂、森林、草原等的治理要因地制宜、符合实际,科学规划,制定可行方案并采取有力措施,不能都是一种套路。要持续完善草原生态保护补助奖励政策,全面推进草原禁牧休牧轮牧,巩固退牧还草、退耕还林成果,在此基础上开展大规模国土绿化,强化草原生物灾害防治,加强生物多样性保护,稳步恢复草原生态环境。要继续实行林长制,制定绿化造林等生态建设目标,巩固退耕还林还草、退田还湖还湿成果,推进荒漠化、石漠化、水土流失综合治理。建设农田生态系统,完善农田生态廊道,营造复合型、生态型农田林网。要强化河湖长制,加强大江大河和重要湖泊湿地生态保护治理。以县域为单元,推进水系连通和农村水系综合整治,建设一批水美乡村。

二、统筹生态系统保护和修复布局,推进重点区域生态环境保护

1. 整合农村地区自然生态要素,构建全域生态格局

整合农村地区三类空间内的农田、林网、水系、村落、巷道等自然生态要素,构建全域覆盖的"生态片区－生态廊道－生态节点"整体生态格局。生态片区是自然资

源分布集中的山林、农林、湿地等生态区域，结合高标准农田建设和生态林建设，营造农田林网的大地田野景观；生态廊道构建方面，保留村落与自然环境相依托的空间特色，在延续村庄道路线型、农田斑块、河道水系、林网格局等自然形成的村庄肌理基础上，适当优化农田布局，增加水网连通，实施河道林网建设，通过村庄道路的延伸，串联小公园、村委会、健身广场、滨水步道、农田农场等生态节点，同时满足居民步行、慢跑、骑行等需求，形成路与田、路与水、路与林、路与村的复合景观模式，营造多层次的乡村生态廊道景观。

2. 划分生态保护分区，明确生态保护重点任务和重大工程

河湖湿地保护修复以河湖湿地水系生态网络系统修复为目标，重点实施河湖湿地生态补水、分层次推进水系连通、持续湿地生态修复、推进重点河流水系综合治理等工程，提升河湖湿地水系生态系统的完整性和稳定性。林草地保护修复以林草地生态系统构建为目标，重点实施林草地生态系统化布局、野生动植物栖息地保护修复、林草地生态保护设施建设等工程，提升林草地生态系统完整性和稳定性。此外，完善生态保护修复机制，针对长期以来乡村地区生态保护修复历史欠账多、任务量大、覆盖面广、

资金投入不足等问题，探索完善社会资本参与机制、生态产品价值实现机制、生态系统修复激励机制等机制建设推动生态保护修复绿色发展，维护乡村生态安全，推动美丽乡村建设。

三、推进农田生态系统，促进农业绿色高质量发展

治理农业面源污染对改善农村生态环境、推进农业绿色高质量发展具有重要意义。农业面源污染主要来自种植业和养殖业两个方面，2018年以来，通过实施农业农村污染治理攻坚战，农业面源污染治理取得一定进展，但防治工作仍然任重道远，治理农业面源污染、改善农村生态环境还处于治存量、遏增量的关口，正是吃劲的时候，松一篙，退千寻。要保持战略定力，制定更具体、更有操作性的举措，以钉钉子精神推进农业面源污染防治，抓好化肥农药减量、白色污染治理、畜禽粪便和秸秆资源化利用，加强土壤污染、地下水超采、水土流失等治理和修复。

1. 推进化肥减量增效使用

推进化肥减量增效使用，是科学生态种植的发展需求，也是实现生态振兴的重要路径。一是聚焦长江经济

带、黄河流域重点区域，明确化肥减量增效技术路径和措施，实施精准施肥，分区域、分作物制定化肥施用限量标准和减量方案，落实化肥使用总量控制。二是大力推进测土配方施肥，优化氮、磷、钾配比，逐步实现在粮食主产区及果菜茶等经济作物优势区的全覆盖。同时，改进施肥方式，推广应用机械施肥、种肥同播、水肥一体化等措施，减少养分挥发和流失，提高肥料利用效率。三是加强绿色投入产品创新研发，积极推广缓释肥料、水溶肥料、微生物肥料等新型肥料，拓宽畜禽粪肥、秸秆和种植绿肥的还田渠道，在更大范围推进有机肥替代化肥。在旱作区大力发展高效旱作农业，集成配套全生物降解地膜覆盖、长效肥料应用、保水剂混肥底施等措施，减少养分挥发和随雨流失。四是培育扶持一批专业化服务组织，提供统测、统配、统供、统施"四统一"服务。鼓励以循环利用与生态净化相结合的方式控制种植业污染，农企合作推进测土配方施肥，努力实现到2025年主要农作物测土配方施肥技术覆盖率稳定在90%以上的目标。

2. 推进农药减量控害

持续推进农药减量控害是实现生态宜居的重要路径。一是推进科学用药，推广应用高效低风险农药，分期分批淘汰现存10种高毒农药。二是推广新型高效植保机械，推进精准施药，提高农药利用效率。三是创建一批绿色防控示范县，推行统防统治与绿色防控融合，提高防控组织化程度和科学化水平。四是构建农作物病虫害监测预警体系，建设一批智能化、自动化田间监测网点，提高重大病虫疫情监测预警能力。到2025年，主要农作物病虫害绿色防控及统防统治覆盖率力争分别达到55%和45%。

四、加强生态治理中的科技运用，强化生态环境治理资金投入

1. 强化生态治理科技运用，切实转变农业发展方式

在生态治理现代化建设实践进程中，要借助科技与农业的深度融合，切实转变农业发展方式，优化农村经济结构。从国家层面而言，就是要加强顶层设计，积极营造生态治理科技化的良好环境，让农村生态治理科技人才的创新活力能够持续迸发。进一步增加绿色农业科技方面的投入、健全农业科技融资体系，为将相关最新科技研究成果运用到农业发展技术领域创造有序的制度环境和市场环境。同时，在绿色生态科学理念的引领带动下，积极利用绿色优势打造可持续发展的现代生态农业，实现农业清洁生产。要求农村各类工厂企业淘汰落后设备以及生产

工艺，加强技术创新，改造老旧设备，推进清洁生产，确保整个生产经营过程对生态环境的污染降到最低。要求各工厂企业牢固践行新发展理念，倡导绿色生产方式，树立"绿水青山就是金山银山"的发展理念，始终把保护环境放在生产生活的第一位。各级政府要充分重视工厂生产对人民生活以及生态环境造成的各种影响，提高一些重点行业的环境准入门槛，对环境制定标准不能采取"一刀切"的态度，要从实际出发、以实事求是的态度，因地制宜地制定准入标准。社会组织及相关环保部门也要加强对工厂企业的排污监管，落实"谁污染谁赔偿"，从而倒逼相关行业和企业改善工艺、提升节能减排水平。此外，还要在农村地区推行生态农业保护技术，高质量提升农村生态环境，优化农村生活能源与资源的消费结构，将科技创新融入农村居民的生产生活过程中，提升新时代农村人居环境的生态宜居性。

2. 建立激励机制，强化生态环境治理资金投入

生态环境治理的过程中，要加快形成由环保倒逼发展转向激励发展的体制机制，为推进生态文明建设提供行动指南和根本遵循，也为生态环境保护提供新的思路和新的方向。环境保护的经济效益还十分有限，生态环境问题还不能靠市场及时解决，环境治理需要地方政府、企业和民

众的共同努力。通过拓宽融资渠道，引导鼓励社会资本投入农村生态环境治理项目建设，并对开展农村基础设施建设的企业给予相应的优惠政策，对企业的激励可通过环境规制税收优惠、绿色补贴、生态补偿机制、战略指导等方式实现，从而加快形成资源节约型、环境友好型的生产方式。对农民群众一方面采取奖励措施，提高公众积极性，如通过设立专项公共参与奖励基金，奖励在环境保护方面作出较大贡献的公众，调动其积极性，形成良好的社会风气；另一方面完善信息披露机制，保障公众的知情权，确保公众在实际参与中有章可循。

第十三个问题

如何实现绿水青山就是金山银山？

"绿水青山就是金山银山"的"两山"理论是习近平总书记提出的关于生态文明建设的重要理念，是习近平总书记在继承和发展马克思主义生态观和生产力理论的基础上，结合我国生态文明建设长期实践的实际情况，经过深入思考得出的科学论断。早在 2005 年 8 月，习近平同志在浙江省安吉县余村考察时，就首次提出了"绿水青山就是金山银山"的重要论断。2006 年 3 月，习近平同志发表专栏文章《从"两座山"看生态环境》，基于我国生态文明建设实践和绿色发展需要，进一步阐述了"两山"之间关系的三个发展阶段，即从第一阶段的用绿水青山去换金山银山，到第二阶段的既要金山银山也要保住绿水青山，再到第三阶段的绿水青山可以源源不断地带来金山银山，绿水青山本身就是金山银山。2013 年 9 月，习近平主席在哈萨克斯坦纳扎尔巴耶夫大学发表演讲时,对"两山"理论内涵作出了全面总结性的阐述:"我们既要绿水青山,也要金山银山。宁要绿水青山,不要金山银山,而且绿水青山就是金山银山。"2015年4月,"坚持绿水青山就是金山银山"写入《中共中央 国务院关于加快推进生态文明建设的意见》,成为生态文明建设的基本原则。2017年10月,党的十九大报告提出"必须树立和践行绿水青山就是金山银山的理念"。"绿水青山就是金山银山"成为习近平生态文明思想的重要组成部分。

"两山"理论深入系统地揭示了生态环境保护与经济发展之间的辩证统一关系。绿水青山实际上就是优质的生态环境,金山银山就是经济增长或经济收入,二者是一对矛盾的集中体现,既相互对立又相互统一。从习近平总书记对"两山"理论阐述的三个维度上来看,"既要绿水青山,也要金山银山"体现的是生态与发展之间的兼顾性,即二者构成一个有机整体,有绿水青山就不愁没有金山银山,而不是要绿水青山就必须放弃金山银山,要金山银山就必须放弃绿水青山,但金山银山的实现必须以绿水青山为前提;"宁要绿水青山,不要金山银山"体现的是生态与发展之间的对立性,即在二者不可兼得的特定条件下,必须要把生态环境放在优先位置,决不能以牺牲生态环境为代价换取一时的经济发展;"绿水青山就是金山银山"体现的是生态与发展之间的转化性,即二者在一定条件下可以相互转化,这是"两山"理论的核心所在,既表现了生态环境可以为创造经济价值提供条件,也表现了生态环境可以直接创造出经济价值,阐明了"保护生态环境就是保护生产力、改善生态环境就是发展生产力"[1]的理念。"两山"理论摆脱了把经济发展与生态保护对立起来的束缚思想,提出了实现经济与生态协调发展的方法论,找到了实现可持续发展的有效途径。

对于农村而言,良好的生态环境是其最大的优势和宝贵的财富,但优良的生态环境不会自动产生经济价值。进入乡村振兴阶段,要建设宜居宜业和美乡村,促进农村经济增长和农民收入提高,就要科学充分利用农村的生态环境优势,依靠广大人民的智慧和劳动,将生态优势转化为经济优势,让农村的绿水青山成为农民的金山银山。

首先,要发挥绿水青山的生产性功能,推进生态农产品价值实现。进入新发展阶段,随着社会主要矛盾的转变,城乡居民的消费结构进入加速升级阶段,尤其对绿色生态优质产品的消费需求进一步旺盛。市场需求的扩面升

---

[1] 习近平:《在庆祝海南建省办经济特区30周年大会上的讲话》,人民出版社2018年版,第17页。

级、国内超大规模的市场优势为激发农村绿色生态农产品供给潜力提供了广阔空间。基于此，相关部门要充分利用农村优质的生态环境资源，根据不同地区的资源禀赋和地域优势，创新发展特色生态农业，对标国际先进标准制定生态农产品标准体系，实施最严格的农药化肥管控制度，使得农产品的种植和养护、生产和加工等整个生命周期都在"生态圈"中完成，实现从生产到包装、运输所有环节的生态性与安全性，确保生产出的农产品为无污染、无公害、绿色有机的生态农产品，同时对环境零污染，对生态零破坏。在此基础上，打造绿色、优质的生态农产品品牌，以品牌价值为引领，综合运用网商、电商、微商等推介平台打造新的营销模式，多渠道提升生态农产品的附加价值，提高经济效益。通过依靠绿水青山推进生态农产品生产与营销，实现乡村绿水青山向金山银山的转化。

其次，要发挥绿水青山的休闲娱乐功能，推进乡村旅游高质量发展。随着人们对美好生活的向往、对生活品质和精神世界的追求与日俱增，乡村优美的生态环境、清新的空气、洁净的饮水、特色的产品、不一样的农耕文明和文化风俗都是人们迫切想要体验的事物，也就是说，新时代的乡村旅游是建立在优质绿水青山的基础之上的。基于此，相关部门要联合乡村旅游发展主体系统分析新时代旅游者的现实需求，深入了解旅游者想在乡村旅游中看什么、吃什么、玩什么、买什么等问题。在此基础上，利用当地优质的生态环境资源对乡村旅游传统产品进行转型升级，在保留住乡村特色的前提下，创新产品设计，开发度假村、特色观光园、休闲农业园、体验农业园、民俗文化创意园等新产品新模式，促进农村一二三产业融合发展，延伸拓展产业链条，不断提升乡村吸引力，而不是过多将现代元素、城市元素引入乡村旅游中去，让旅游者感到乏味与审美疲劳。通过依靠绿水青山推进乡村旅游高质量发展，实现乡村绿水青山向金山银山的转化。

再次，要发挥绿水青山的生态系统服务功能，推进康养融合产业迈上新台阶。绿水青山不仅是良好生态环境的象征，也是健康生态系统的重要标志。健康的生态系统为人类提供了多种服务，除了人们生存所必需的食物及各种原材料等直接产品，还包括调节气候、涵养水源、防洪减灾、维持生物多样性、吸收二氧化碳等众多服务功能，同时还能为人们提供精神感受、主观印象、美学体验等文化服务功能。因此，相关部门要充分挖掘绿水青山的生态系统服务功能，创新农村优质生态环境价值化的实现路径，依托各地独特资源禀赋优势加强多业态融合，重点打造一批集旅游、栖居、康养、医疗、护理、养老为一体的产业集群或康养小镇，围绕生态康养产业链，逐步形成生态化、高端化、品牌化、特色化的产业体系，促进生态环境综合效益的发挥，为乡村振兴作出更大贡献。通过依靠绿水青山推进康养融合产业迈上新台阶，实现乡村绿水青山向金山银山的转化。

最后，要做好制度支撑和配套政策保障，推进生态与经济共同健康发展。要实现生态保护与经济发展和谐共生、健康稳定运行，离不开一系列制度支撑和配套政策的保障。一是持续推进生态保护修复制度。绿水青山与金山银山的辩证关系中，起决定作用的是绿水青山，没有了绿水青山，金山银山便无从谈起。因此，要切实加强生态保护红线管控，确保生态保护面积不减少、功能不降低；支持开展生态保护与修复工程，加大造林种草力度，抓好退化林和退化草场修复，加强湿地保护与恢复；实施生物多样性保护工程，开展濒危物种拯救保护行动；落实地方环境保护责任，加大污染排放超标惩罚力度等。二是健全自然资源资产产权制度。建立自然资源资产全面调查、动态监测、统一评价制度，重点界定水流、森林、湿地等自然资源资产的产权主体及权利；健全集体林地"三权分置"、经营权流转、集体林租赁等机制，以及利用生态补偿、循环补贴、低碳补助等制度手段，引导绿水青山价值回归。

三是强化人才科技支撑。聚焦生态产品价值实现、前沿生态技术研究等方向，面向全国培养"两山"创新型复合人才；加大科技创新力度，科学合理利用生态环境，全面提高自然资源的综合利用率，减少资源的浪费与消耗，以尽可能小的资源消耗换取最大限度的经济利益。四是建立健全绿色金融体系。要推动绿水青山向金山银山转化，需要雄厚的物质保障与资金投入，在财政拨款的基础上，更应通过市场化手段吸收社会资本投入，如创新绿色信贷模式，出台多种政策措施鼓励各级各类金融机构为绿色行业和绿色产业提供资金支持，同时可开发绿色债券、绿色基金、绿色保险等产品，为"两山"转化保驾护航。

第十四个问题

如何开展农村自治？

农村自治作为我国基层民主实践的伟大创造和实现乡村振兴的重要举措，塑造了一种有效的乡村治理模式，在乡村治理实践中发挥了重要作用。2023年中央一号文件进一步提出，"提升乡村治理效能，坚持以党建引领乡村治理，强化县乡村三级治理体系功能，夯实村级基础，健全党组织领导的村民自治机制"。只有进一步深入研究和探讨农村自治有效实现的路径，才能真正保证农村自治有效开展，促进乡村善治，为乡村振兴提供强大的组织力量。

一、自治的含义

自治即自己管理自己，自己处理自己的事务，毋庸他人过问与管理。自治是官治的反面。在现实生活中，自治是有条件的、有限度的。一般来说，每个国家的宪法或法律都对自治组织的自治权作了比较明确的规定和限制，任何国家的自治都是在法律规定范围内的自治。自治是由地方居民自己决定，以自己的意思和职权，利用自己的资源，建立自己的组织，依法办理群众自己的事务，促进本地区经济和社会的发展。

二、农村自治组织

农村自治组织是乡（镇）所辖的行政村的村民选举产生的群众性自治组织，主要包括村民委员会、村党支部委员会。近年来，随着农村自治的不断深入以及市场经济的不断发展，农村出现了更多适应不同需求的自治组织，共青团、妇联、村务监督委员会、红白喜事会、道德评议会、农民专业合作社、产业协会、宗族组织等共同构成了多元化的农村组织体系，并都以自己特有的方式参与和影响着农村治理。

村民委员会、村务监督委员会等农村自治组织是农村自治的组织载体，引导和组织村民实施自治。《中华人民共和国村民委员会组织法》（以下简称《村民委员会组织法》）第二条规定：村民委员会是村民自我管理、自我教育、自我服务的基层群众性自治组织，实行民主选举、民主决策、民主管理、民主监督。村民委员会办理本村的公共事务和公益事业，调解民间纠纷，协助维护社会治安，向人民政府反映村民的意见、要求和提出建议。

三、农村自治组织的主要作用

农村基层自治组织不仅承担着宣传和落实党和国家在农村的各项方针政策、管理协调农村公共事务、发展现代农业、带领群众致富、维护农村稳定的重要职能，而且承载着在乡村振兴中关注民生、集中民智、反映民意、凝聚民心等职责，是实现乡村振兴的组织保证。

具体而言，首先，农村自治组织保证了乡村政策的有效执行。乡村政策从制定执行到推广创新，再到总结经验，进而解决问题、落实政策，这些过程的实现都离不开农村自治组织和人民群众的积极参与和改革实践。农村自治组织认真领会并贯彻执行党的路线、方针、政策，再结合本地的实际情况，由村民大会作出正确的决策，将相关政策不断细化，使农村自治组织和全体村民自觉自愿地接受并执行村规民约，确保乡村政策执行精准有效[1]。

---

[1] 罗艳：《乡村振兴背景下村民自治组织的作用机制研究》，《农村·农业·农民（A版）》2023年第4期。

其次，农村自治组织夯实了乡村治理的群众基础。村民通过村民大会选举产生农村自治组织的成员，并代表村民行使权利，对村民负责，服务村民。农村自治组织全面了解村民的真实想法和利益诉求，关注村民最直接最迫切的问题，并由此展开工作，切实从村民的需求出发，为村民解决难题，全面提升老百姓的幸福感。

最后，农村自治组织可以促进政府和乡村社会的有效沟通。农村自治组织一方面代表村民行使权利，并带领村民进行本村建设；另一方面对基层政府负责，执行基层政府所下达的任务，通过内部的管理结构改革，促进政府和乡村社会的沟通和联系，把政府的方针政策传递到基层。

四、自治组织的建设

1. 以党支部为核心的村级组织建设

首先要科学界定村两委与协商议事组织各自的权能，处理好村两委与其他农村自治组织间的协调整合问题，明晰协商议事组织与村两委各自的权责，加强基层党组织对协商治理组织的领导作用，规范协商治理组织的权限。同时要建立健全村干部工作监督制度，加强群众对干部的信任，把群众是否满意作为衡量村干部是否合格的标准。在村财务管理上要做到公开、透明,对在工作中出现明显失职、渎职行为的村干部,乡镇纪检监察组织应适时对村干部实行诫勉谈话,拨正村干部工作方向。

2. 以完善村务管理为目标的村级组织运行机制

首先要明确村级组织事务及重大事项的决策基本程序,各村党支部、村委会均要有民主决策意识,严格按照村级组织的基本工作流程运行。其次要建立村务管理和村级组织议事的村两委会议事规则、村民代表会议制度,明确两委会的议事范围、村民代表会议的议事规则、村民代表的权利和义务,按照各行政村的实际情况制定切合实际的制度,确保村民及村民代表的民主自治权利,从而有效集中民智、反映民意,促进农村改革、发展、稳定,增强村务管理工作的民主化、科学化、制度化水平。

3. 新时代农村自治的有效实现形式

农村自治组织具有生命力,体现在对不同省份和地区及不同农村经济发展程度的适应性方面。自治组织建设要全面激活农村自治在乡村治理中的作用,就必须与时俱进、因地制宜地探索农村自治的有效实现形式。首先要多层次、多形式、多类型开展农村自治,依据村庄实际情况通过协商、沟通等形式丰富自治形式,拓展公共生活、经济文化等领域的农村自治,重视与他治的合作与交流,从而促进农村自治的多样式展开[①]。其次要加强农村社区的建设,整合各方资源,在基层建立一个符合我国市场经济管理和服务体系的平台,让社区内的村庄环境卫生、社会治安、贫困救济、生产和就业以及娱乐和健康等公共问题得到更好的解决,公共资源得到更充分的利用。[②]

4. 服务型农村自治组织建设

农村自治组织要想实现长远的发展目标,必须将服务群众的理念贯穿始终。首先要提高农村自治组织内部成员的服务意识,提升服务水平,将农村自治组织建设成为服务型农村自治组织。同时要加强农村自治组织服务队伍的建设,优化队伍结构,让服务意识较强的党员、知识分子融入乡村的管理与服务实践中,提升组织整体的素质水平和服务意识。

五、自治组织运行和管理

1. 要提升干部队伍素质,发挥乡贤的主体作用

首先要开通多种渠道吸引精英人才,各级政府应支持鼓励优秀大学生回家当"村官",制定优惠帮扶政策,吸

[①] 王乙竹:《新中国70年来农村自治发展的演变轨迹及现实启示》,《农业经济》2020年第9期。

[②] 夏冬平、封媛:《基于社会矛盾调处能力提升的农村基层自治组织建设问题研究》,《农村经济与科技》2019年第3期。

引那些致富的农民工、创业的大学生和退伍军人、教师、公务员等回到家乡，并通过吸纳人才、留住人才、重用人才，确保基层民主建设"后继有人"，农村自治组织保持活力。同时要重视农村教育事业，提高村委干部的整体素质和水平，加大对组织内现有人员的教育培训力度，基层自治组织内部成员要加强理论和知识技能学习，熟悉国家政策法规，增强履行职责的实际能力，适应新形势的变化，助力自治组织的运行和管理。

2. 要确保有效的民主监督，实现村务管理公开

良好程序的执行需要有效的民主监督，《村民委员会组织法》将民主监督写入法律制度中，明确规定农村自治组织可根据需要设立监督机构。首先要加强以村务公开、财务监督、群众评议为主要内容的民主监督实践，实行村民听证会制度，欢迎村民旁听并接受村民提出的有益建议，保障村委会在决策时体现村民的利益。同时可以通过建立健全村务公开监督小组、民主理财小组，严格财务审批制度，设立村务公开栏定期公开党务、村务和财务等形式，实现村务管理"阳光操作"。

3. 要完善农村自治相关制度和法规，提高农村自治意识

首先要通过建立和完善村规民约、村民自治章程等，

进一步明确村民代表大会制度、村务恳谈会制度和村干部辞职承诺制度等内容，使其真正成为全体村民自觉遵守和自我管理的村级行为准则。同时要切实加大对村级行为准则的宣传力度，调动农民群众参与乡村治理的积极性，在直接参与中培养农民的主体意识和合作精神，使他们成为名副其实的乡村治理主体。还要完善农村自治的相关法规，使农村自治有法可依，并充分尊重基层合法自主权和首创精神，深入挖掘对乡村自治体系具有重要价值的村规民约，全面建起符合新时代发展要求的农村自治体系。

4. 要进行积极的管理创新，实施网格化管理

党的二十大报告指出："完善网格化管理、精细化服务、信息化支撑的基层治理平台，健全城乡社区治理体系，及时把矛盾纠纷化解在基层、化解在萌芽状态。"网格化管理作为改进基层治理方式的方向性政策工具，其治理成效及蕴含的创新治理理念在推进基层治理现代化的实践中被国家决策者认可。网格化管理要求治理事权的进一步下放、治理事务的精细化管理、治理主体的精准化服务及"官民共治"的有效配合[①]。同时要积极利用现有的通信

---

① 李建勇：《细事细治：网格化管理参与乡村治理的实践效果——E镇的考察》，《昆明理工大学学报》（社会科学版）2023年第2期。

技术、网络技术和数字技术成果，支持网络协商和网络议事，拓宽农村自治渠道和管理方式，实现基层党组织、乡镇基层政府、农村自治组织和普通村民之间的信息交流与共享。

第十五个问题

如何加强农村法治建设？

法治是治国理政的基本方式，基层是依法治国的根基，法治社会最终要落脚在基层。党的二十大报告指出："全面建设社会主义现代化国家，最艰巨最繁重的任务仍然在农村。"乡村振兴是实现中华民族伟大复兴的一项重大任务，必须充分发挥法治对乡村振兴固根本、稳预期、利长远的保障作用。习近平总书记强调，要教育引导农村广大干部群众办事依法、遇事找法、解决问题用法、化解矛盾靠法。要善于运用法治的思维和方式，完善乡村法律服务体系，强化法律在农业支持保护、规范市场运行、生态环境治理、维护农民权益、化解农村社会矛盾等方面的权威地位，把依法治国的各项要求落实到乡村基层社会治理中。

一、加快完善农村司法体系建设

紧密结合农业农村改革发展进程，围绕保障国家粮食安全与农产品质量安全、健全农业支持保护体系、完善农村村民自治和基本经营制度、培育新型经营主体、推进农业农村绿色发展等方面，加快相关法律法规制定修订。同时加快建设公共法律服务平台，广泛运用互联网、新媒体等开展法律咨询，让基层群众享受到更便捷、更优质的法律服务，不断夯实乡村法治建设的法律基础。加大执法装备和执法经费保障力度，健全区域间、部门间执法协作机制，依法严厉惩处涉农违法犯罪行为。全面落实司法责任制，深化司法体制综合配套改革，按照公开、公正、便民的原则审理涉农纠纷，以农民听得懂、能理解的方式析理明法，努力让农民在每一个司法案件中感受到公平正义。农村法治工作者不仅要业务过硬、精通法律，并具备相应的农业知识，熟悉农业政策，还要敬畏法律、敬畏专业、敬畏职业。要相信法律、信仰法律，让法治的理念和价值融入血液，让法治成为信仰、成为习惯；要敬畏专业，具有法律专业素养，知晓农业政策，熟练运用农业法律，农业执法人员还要掌握执法技巧，成为办案能手[1]。

---

[1] 张天佐：《健全乡村治理体系 筑牢乡村振兴基石——我国乡村治理模式变迁及发展》，《农村经营管理》2021年第7期。

二、深化农村法治宣传教育

随着法治建设进程的不断加快，新的法律法规陆续出台，一些地方暴露出法律宣传教育不到位的问题。要完善涉农部门和各级政府学法用法、依法行政的考核制度，切实增强国家公职人员特别是领导干部的守法意识、执法意识，做到法无授权不可为、法定职责必须为，使国家公职人员成为学法、知法、懂法的表率，做到依法执政。同时要落实国家机关谁执法谁普法的责任制，广泛宣传农村土地承包法、土地管理法、村民委员会组织法、婚姻法等与乡村群众生产生活密切相关的法律知识，将普法宣传融入农业农村管理、公共服务、监督执法的各个环节和全过程。坚持从人民群众关心的热点、焦点问题出发，从不同普法重点对象的个体需求出发，发挥"互联网+"普法的便捷作用，开展精准普法，不断提高农村群众依法办事、依法解决纠纷、依法维护权益的意识，形成良好的法治环境。

要不断打造法治文化阵地，营造法治乡村建设氛围。可以利用重要时间节点，通过开展"送法进乡村"活动对农村群众、农民工等开展法治宣传活动。依托微信公众号、电视媒体、LED显示屏等，搭建起多层次、立体化、全方位普法平台，让农村群众在田间地头就能学到法律知识，不断营造良好的法治氛围。要不断深化法治创建活动，提升法治乡村建设质效。大力加强民主法治示范村建设，出台完善民主法治示范村建设指导标准、建设细则和管理办法，定期进行复核，加强动态管理。不断在乡村选用一批法律知识丰富和法治理念较强的村民担任"法律明白人"，热心普法公益事业，并建立培育人才库，开展培训，让"法律明白人"成为基层社会治理的"多面手"、乡村振兴的"领跑员"。

三、加大司法警务服务下村

坚持以法律为准绳，善于运用法治思维和法治方式处理社会矛盾纠纷，维护群众合法权益，维护社会公平正义，让人民群众充分认识法治是化解矛盾纠纷最有力的武器、解决复杂问题最权威的方式、定纷止争的根本底线。要始终把握法律的底线，在不违反法律法规的前提下充分考虑道德伦理、公序良俗等因素，确保矛盾纠纷化解经得起法律的检验，经得起历史的检验。

针对与农民利益密切相关的农村土地征用、土地确权、工程承包、婚姻家庭等复杂矛盾纠纷，要加大司法警务"送法下乡"服务,鼓励律师进村、检察官进村、法官进村、民警进村,建立一村一律师制度,明确其主要服务对象,从服务对象出发明确驻村法律顾问的工作职责,通过专业说法、以案释法等途径,引导村民依法表达诉求,依法维护自身合法权益[1][2]。要不断优化法律服务体系,强化法治乡村建设保障。以乡镇(街道)、村(社区)为单位,选派律师、司法所工作人员担任辖区法律顾问。同时,建立县、乡镇(街道)、村(社区)三级法律顾问微信群。不断配强法律顾问,真正体现方便百姓、服务百姓社会效果,实现村居法律顾问全覆盖的工作目标。推进乡镇综合行政执法体制改革,筑牢法治乡村建设基础。严格落实"一支队伍管执法"要求,通过开展联合执法检查"苦练内功",提高执法队伍素质,提升基层执法人员工作能力;通过研究制定执法制度模板"增强外功",优化执法机制,规范执法行为,推动综合行政执法工作提档升级、提质增效,确保执法单位和基层单位各司其职、各负其责,提升基层治理社会化、法治化、专业化水平。

---

[1] 刘鹏、崔彩贤:《一村一法律顾问制度问题反思与重塑》,《西北农林科技大学学报》(社会科学版)2023年第3期。

[2] 张天佐:《健全乡村治理体系 筑牢乡村振兴基石——我国乡村治理模式变迁及发展》,《农村经营管理》2021年第7期。

第十六个问题

如何开展乡村德治?

乡村治理体系现代化是农业农村现代化的重要组成部分。对于构建乡村治理体系,早在2017年12月28日,习近平总书记就在中央农村工作会议上指出要健全自治、法治、德治相结合的乡村治理体系。之后,党中央又多次提出在乡村治理中要推进"三治融合"。其中德治属于基层治理中的"软治理",主要回答"如何治理"的问题。德治能帮助人们提高自身的道德水平、增强村民自治的有效性、弥补法治的不足。总体上,德治通过教化和道德约束的方式,能够为自治、法治营造良好的道德氛围,增强自治、法治施行的效果。

中国是一个疆域广袤的大国,但古代统治者的统治能力较为有限,只能依靠"皇权不下县"来维持与地方的弱统治关系。县级以下地方依靠乡绅进行自治,乡绅通过

"同意的权力"和"长老的权力"完成对地方社会的整合,其中"长老的权力"是以传统文化为基础的德治,乡土社会通过乡规民约和人治的结合,努力达到一种"无讼"的状态,有效降低了社会治理的成本①。现代国家,国家对于乡村基层治理有了更多的影响力,能够结合政府的指导和村民的参与,发挥德治作用,从而达到善治的效果。德治可以定义为道德规范与组织的结合,将道德规范反映到组织运行的目的和原则中,使组织和道德形成一种表里关系②,具体到乡村德治,是指通过相应的文化建设,运用农村特有的文化资源和道德规范,建立起每个村民都自愿遵循的行为规则体系,从而提高农村的社会治理水平③。

乡村德治的实现应该基于乡村社会的基本特征。首先,乡村德治应以加强农村思想道德建设为基点,充分借助组织的力量,以组织建设为载体,让道德焕发活力。其次,我国农村地区有着深厚的传统文化基础和良好的伦理道德规范,通过挖掘这些宝贵资源,制定村规民约,以规立德,营造良好的社会风尚,让德治不再流于口头,浮于

---

① 费孝通:《乡土重建》,上海人民出版社 2006 年版,第 62—63 页。
② 邓大才:《走向善治之路:自治、法治与德治的选择与组合——以乡村治理体系为研究对象》,《社会科学研究》2018 年第 4 期。
③ 乔惠波:《德治在乡村治理体系中的地位及其实现路径研究》,《求实》2018 年第 4 期。

表面，而是走进生活，落到实处。再次，目前国家治理体系已经建设到村一级，其中"能人"治理是主要方式，新乡贤是重要的"能人"来源，因此，应充分鼓励新乡贤参与乡村基层治理。同时，激励对于人们行为规范的养成具有十分重要的作用，采用道德评议会、积分制等方式对人们的行为进行积极反馈，将对德治的实施效果具有显著影响。最后，需要持续对德治内涵进行深化，充分挖掘德治元素，创新方式方法。

第一，加强农村思想道德建设，弘扬乡村振兴正能量。首先，应深入开展习近平新时代中国特色社会主义思想宣传教育，创新宣传方式，使理论宣传和思想教育更加接地气，积极弘扬和践行社会主义核心价值观，使社会主义核心价值观内化为农民群众的精神追求，外化为农民群众的自觉行动。其次，中华优秀传统文化是中华民族的珍贵宝藏，乡村又是中华优秀传统文化极为丰富的地方，许多优秀的文化已经内化于村民日常的行为规范之中。如何利用好乡村丰富的道德资源，将其与当代社会价值进行融合，是促进乡村德治有效实现的重要一步。传统道德资源的涵盖范围十分广泛，邻里互助、敬老爱幼都是它的具体表现。最后，丰富农村文化产品和服务供给，通过惠民工程，用活村级活动场所，利用新时代文明实践站、农家书屋、红色讲坛等德育设施，引导人们加强道德建设，形成讲道德、守道德的良好社会风气。

第二，发掘乡村传统美德，制定村规民约，形成共遵守、齐监督的良好局面。村规民约的制定需要在党的领导下，在社会主义核心价值观大的原则下，由乡村党支部牵头，以乡村自治组织为基础，同时发挥集体经济组织和合作组织的纽带作用，因地制宜，结合乡村发展的实际需要，由全体村民共同参与并决定。一方面要深耕传统文化，在历史和村民的日常行为中发现道德标准；另一方面要融合当代价值体系，以社会主义核心价值观为道德指引。对于现存的不好的规定应该坚决予以抵制和废弃，对于仍然活跃的有益于社会和谐的文化应该给予保留和大力弘扬，对于整体向好但是部分不适用于当前实际情况的规定应该加以改进。整个过程需要村民的深度参与，让村规民约能够入心入脑，真正得到村民的认可。村规民约的制定也要结合社会发展的新需求，反映社会思想的新内容，突出重点，与时俱进。同时，村规民约不仅要符合法律法规的要求，也要注重强化约束，避免泛泛而谈、流于形式。在村规民约的基础上，鼓励弘扬家规家训，树立良好家风。家规家训是家风的外在形式，不仅深刻反映家风的内容，对于家风的形成和遵守同样具有重要意义。良好的家风和乡风是乡村德治的重要内容,能促进个人美德培育,对弘扬社会公德也具有重要价值[①]。

第三,发挥新乡贤引领作用,提高乡村德治能力水平,形成保稳定、促和谐的友好局面。乡村治理目前阶段主要依靠能人治理,实行乡村德治的关键在于人的选择。新乡贤是具有乡村治理新思想、新观念、新情怀的社会贤达[②],是"有德行、有才华,成长于乡土,奉献于乡里,在乡民邻里间威望高、口碑好的人"[③]。为推动新乡贤参与基层治理,应加强对新乡贤的引导,以其对家乡的感情为纽带,增强新乡贤对家乡振兴发展的担当感,建立鼓励机制,创造好的环境,加大宣传力度,宣传支持新乡贤返乡的有力举措,壮大新乡贤人才队伍,推动成立新乡贤理事会,鼓励新乡贤开展投资创业、捐赠等,建立有政府、村两委、群众多元主体共同参与的对新乡贤的评价机制和退出机制,以确保新乡贤队伍的纯洁性和公信力[④]。同时,以行

[①] 高艳芳、黄永林:《论村规民约的德治功能及其当代价值——以建立"三治结合"的乡村治理体系为视角》,《社会主义研究》2019年第2期。

[②] 刘同君、王蕾:《论新乡贤在新时代乡村治理中的角色功能》,《学习与探索》2019年第11期。

[③] 吴晓杰:《新农村呼唤新乡贤——代表委员畅谈新乡贤文化》,《光明日报》2016年3月13日。

[④] 唐任伍、孟娜、刘洋:《关系型社会资本:"新乡贤"对乡村振兴战略实施的推动》,《治理现代化研究》2021年第1期。

政村为主体，搭建"党建＋好商量"等议事平台，让新乡贤能够参与到乡村事务协商议事中，运用新乡贤在人缘、威望等方面的优势，参与解决乡村治理过程中出现的纠纷矛盾，让新乡贤成为干群之间的连心桥，促进乡村治理稳步有序推进。

第四，运用道德评议、积分制等方式加强乡村德治，形成学榜样、争先进的热烈局面。道德评议和积分制需要与村规民约相结合，对村规民约的具体事项进行量化赋值，采用道德评议会等方式，由村民全体进行打分考核，对于考核结果，采取精神鼓励为主、物质奖励为辅，正向激励为主、奖罚结合的原则。具体积分内容的设置，应当坚持问题导向、目标导向，确定符合当地实际的积分内容，采取合理的评价标准和激励约束措施。同时，要随着农村发展的新情况新变化，适时调整积分内容和评价标准，建立动态管理、操作性强的积分体系。评议过程应由农民群众广泛参与，构建可供监督的规范程序，整个评议的进行应当公开透明，保证结果的公平公正性。对于评选得出的优秀道德模范应当借助道德榜等方式积极加以宣传，使人们有模范可学，通过对身边人的影响，弘扬社会新风气。最终，使村民既尊重榜样、学习榜样，又争当榜样、超越榜样，从而提高社会道德水平。

第五，创新德治方式，持续提升乡村德治水平。创新构建德治规范执行主体，推动德治规范劝导小组成立，小组成员可由村党支部、村民委员会、村民小组、新乡贤及普通村民代表组成，因地制宜确定执行方式，在政策上，应确定德治机构的权责边界和权责清单。首先，吸引多元乡村外部力量参与基层德治，如大学生往往具有较高的文化水平，思想观念比较贴近社会发展的脉搏，鼓励大学生开展进村志愿活动，可以为乡村带来社会发展的新消息、新思想、新观念。其次，为了促进德治顺利开展，要加强对参与德治工作人员的培训，分类、系统推进培训，提高德治施行的效率。最后，促进德治与自治、法治的融合，在实践中深入探寻德治能长期持续地提升自治、法治效能的方法。

第十七个问题

如何加强基层党组织建设？

基层党组织是确保党的路线方针政策和决策部署贯彻落实的基础，是党工作的基础和群众的依靠[①]。习近平总书记在党的二十大报告中指出，要增强党组织的政治功能和组织效能，坚持大抓基层的鲜明导向，推进以党建引领基层治理，把基层党组织建设成为有效实现党的领导的坚强战斗堡垒。这充分体现了党中央对基层党组织建设的高度重视，也是党中央对基层党组织建设提出的新目标、新定位、新要求。加强新时代基层党组织建设，必须在加强政治建设、组织建设、人才建设等方面下功夫。

---

① 王炳林：《充分发挥基层党组织的政治功能》，《光明日报》2022年9月30日。

一、以加强政治建设为统领，筑牢对党忠诚的思想根基

农村党组织是党落实农村工作的基础，也是落实党中央各项决策部署的最前沿阵地。加强党的基层组织建设，必须把党的政治建设摆在首位，始终突出基层党组织政治功能，推动基层党组织把握政治方向、加强政治领导、夯实政治根基、涵养政治生态、防范政治风险、永葆政治本色、提高政治能力、锤炼政治品格、弘扬光荣传统，把加强党的政治建设的要求落到每一个基层党组织。思想清醒才能保持政治坚定，当前和今后一个时期，要结合深入开展学习贯彻习近平新时代中国特色社会主义思想主题教育活动，把抓好学习宣传贯彻习近平新时代中国特色社会主义思想和党的二十大精神作为首要政治任务，确保在思想上政治上行动上同以习近平同志为核心的党中央保持高度一致。要坚持原原本本学、融会贯通学，充分运用领导带头宣讲、"三会一课"、主题党日以及农村党员远程教育系统、送学送教上门等平台方式，推进党的二十大精神深入基层，做到党员群众全覆盖。采取重温一次入党誓词、精读一次党章、开展一轮集中学习、举办一轮专题培训、开展一次知识竞赛、开展一次主题征文、开展一轮谈心谈

话、讲好一堂专题党课、开展一次主题党日、开设一档专栏节目等系列活动，以实际行动把坚定不移听党话、矢志不渝跟党走融入血脉、刻入灵魂。

加强基层党组织自身建设，要探索加强新业态、新就业群体和互联网等党建工作，在各领域旗帜鲜明讲政治，理直气壮抓党建，不断扩大党的组织覆盖和工作覆盖。要聚焦固本强基抓标准，深入贯彻落实支部工作条例，对标要求解决基层党组织"边虚弱"问题，聚焦农村、社区、机关和学校等重点领域，细化党支部标准化规范化建设要点，分领域列出问题清单、按类别制定整改措施、定时限完成达标创建，推动党支部补短板、强弱项、达标准、作示范，推动基层党建全面过硬。要统筹各方力量提效力，打破各领域基层党组织的体制、隶属、级别束缚和壁垒，推动各党组织之间互联共享、互通共融，形成基层党组织牵头，其他自治组织、社会组织共同参与的工作格局。

持续整顿软弱涣散党组织，组织开展村级班子"大体检"，摸排研判，加强对换届选举不顺利、矛盾隐患较多、干群关系不和谐和集体经济薄弱等问题的摸排分析，研究制定具体整改措施，做到标本兼治、远近结合、常态长效。实现软弱涣散党组织"导师帮带"全覆盖，通过精选政治过硬、经验丰富、能力突出、善教会带的现任村（社区）党组织书记以及长期从事村（社区）工作、经验特别丰富的乡镇（街道）机关干部等帮带导师，不断发挥较强的示范带动作用①。

发挥基层党组织抓党建促乡村振兴作用。持续推动村党组织带头人队伍整体优化提升，积极推动从优秀村党组织书记、驻村第一书记、到村任职过的选调生等人员中选拔乡镇领导班子成员的工作。实施村党组织带头人"头雁领航"工程，巩固深化村两委换届成果，全面推行村党组织书记专业化管理，完善选拔使用、教育培训、考核激励、监督约束机制，增强岗位吸引力，激励村干部干事创业。深化农村与城市、机关等各领域党组织联建共建，建设社会组织参与乡村振兴项目库，推动各类资源力量向乡村一线聚集，助推乡村振兴②。

二、以提升组织力为重点，树牢大抓基层的鲜明导向

习近平总书记在党的二十大报告中强调："全面建设

---

① 王均宁：《从严整顿软弱涣散村党组织的逻辑必然·界定标准·摘帽条件》，《农村·农业·农民（B版）》2021年第3期。
② 李宇鹏：《建强农村基层党组织　助推乡村振兴》，《经济日报》2020年9月11日。

社会主义现代化国家、全面推进中华民族伟大复兴，关键在党。"坚持大抓基层的鲜明导向，认真落实农村基层党建工程，推动人、财、物各项资源向基层倾斜，打造党支部建设标准体系，完善"一体两翼"的治理结构，健全自治、法治、德治相结合的乡村治理体系，推动党群服务中心标准化规范化建设全覆盖，把基层党组织建设成为有效实现党的领导的坚强战斗堡垒。要加大抓党建促乡村振兴力度，认真落实好组织部长抓党建促乡村振兴述职评议工作，选优配强乡村振兴工作队、村两委干部和后备力量，创评一批五星级村级党组织，加快推动抓基层党建促乡村振兴典范工作，以"抓两头 带中间 树典型"促进农村党建全面进步、全面过硬。积极探索"1+N"党建联盟新路径新模式，鼓励引导农村党组织加入重点产业党建联盟等创建工作，更好发挥"党建+"引领作用，推动农业、红色文化、生态与旅游等融合发展。

充分发挥党员乡村振兴主力军作用。要在激发党员先锋模范作用上多想法子、下足功夫，积极创新党建工作载体，通过开展农村"共产党员户"挂牌亮身份和无职党员设岗定责活动、组建党员突击队和志愿服务队等方式，多维度体现农村党员的先锋性和模范性，促进党员做给乡亲看、党员带着群众干，推动基层党建工作提质增效。充分鼓励引导农村党员带头致富、带领群众共同致富，支持农村党员带头创办领办新型农业经营主体，县乡村党组织协调有关方面给予项目、资金、技术和信息等支持。要抓实抓好各级各类教育培训，帮助基层党组织吃透上级要求，保持政治定力，坚决把党的主张和决定传达到基层、落实在基层。要努力打造高素质专业化基层党员干部队伍，在各行各业中广泛开展党员示范岗、党员承诺践诺评诺等活动，引导基层党员干部在改革发展稳定大局中作示范、勇争先。要严把党员入口关，注重从青年、产业工人、农民、知识分子中发展党员，持续健全、优化党的组织体制机制，增强党的组织生机活力。进一步突出政治标准，切实抓好党员队伍建设，严肃稳妥处置不合格党员，保持党员队伍先进性和纯洁性[1]。

坚持和发展新时代"枫桥经验"，完善社会矛盾纠纷多元预防调处化解机制，依靠人民群众实现维护统治秩序、社会秩序、经济秩序的有机统一[2]。实行村党组织书记每年走访群众"户户到"，对一些苗头性、倾向性问题早发现、早预防、早解决。总结运用抢险救灾等经验，切实

---

[1] 周永伟、李彦霖：《新时代农村基层党建引领乡村振兴：价值意蕴、现实困境与实践进路》，《宁夏社会科学》2023年第2期。

[2] 宋世明、黄振威：《在社会基层坚持和发展新时代"枫桥经验"》，《管理世界》2023年第1期。

防范和有效应对自然灾害、公共卫生、安全隐患等风险。建立查处打击"村霸"等黑恶势力常态化机制，持续开展专项打击行动，依法打击黑恶势力、宗族恶势力、黄赌毒盗拐骗等违法犯罪，健全矛盾纠纷多元化解机制，建设平安乡村。依法严厉打击侵害农村妇女儿童权利的违法犯罪行为，实施"村（居）法律顾问"提升工程，优化乡村法律服务供给。完善推广积分制、清单制、数字化、接诉即办等务实管用的治理方式。强化农村法治宣传教育，不断提升农村基层干部、党员群众法治意识和依法办事水平，促进农村和谐稳定。

三、以强化人才引领为支撑，提升育才留才的工作实效

人才是实现乡村全面振兴的"第一资源"。乡村振兴，人才是关键。要全面推进乡村振兴，必须打造一支强大的乡村振兴人才队伍，让各类人才在农村广阔天地大施所能、大展才华、大显身手。要下大力气培养、引进、用好人才，打造一批政治过硬、本领过硬、作风过硬的基层组织带头人、致富领路人。

一是选派带动一批。通过领导干部抓乡村振兴联系点

制度、选优配强乡村振兴工作队伍、派出所民警兼任村党支部副书记、科技特派员选派工作等,以省市县乡村五级工作队伍常态化、不间断地进行传帮带,积极引导致富带头人、退役军人、返乡大学生等在内的各类人才到乡村振兴一线建功立业,打造一支不走的乡村振兴工作队伍。

二是培养锻炼一批。大力开发乡土人才是加强农村人才建设,缓解农村人才总量不足的根本途径[1]。尊重人才成长规律、健全人才培养机制,结合本地实际,通过组织人员赴职业院校、高等院校参加理论知识培训班,增加治理知识储备和培育专业素养,带领基层干部赴治理模范乡镇、村庄参观考察,开拓视野,学习借鉴乡村治理经验。鼓励高校开设相关专业,加强学科建设,加大经费投入,在课程内容与考核中增加涉农知识占比,同时注重实践,大力推动涉农社会实践活动,让学生在实践中强化乡土情结,产生投身乡村治理的热情。持续抓好"双学历双轮训"教育工程,开展好村干部特别是村级党组织带头人的全员轮训,全面提升村级干部队伍能力素质。要深入实施非遗传承人才培养"青蓝工程""春苗行动",壮大"土专家""田秀才""新农人"队伍。

---

[1] 蒲实、孙文营:《实施乡村振兴战略背景下乡村人才建设政策研究》,《中国行政管理》2018年第11期。

三是激励吸引一批。加强社会舆论引导，推动返乡治村模范评选，传播先进事迹，通过树立榜样，赋予社会尊重的方式感化、号召人才返乡。不仅要以乡情乡愁为纽带，用感情留人、用乡情动人，更要以事业聚人、以发展成人[①]。提高返乡人才待遇，加大生活、住房、交通等补贴力度，推动城乡义务教育一体化发展，填补城乡公共服务不足，加强基层卫生、体育和文化设施建设，美化乡村环境，吸引离退休政府官员、高校教师下乡参与基层治理，选派大学生村官，加大力度选调公务员赴基层锻炼。积极开展返乡入乡创新创业评选大赛、乡村振兴技能比武等活动，为各类人才在干事创业中搭建展才平台、创造条件，大力宣传带动效益优、辐射范围广的先进典型，积极营造创先争优良好氛围。

四、以突出奖优罚劣为导向，激发干事创业的动能活力

党的二十大报告指出："完善干部考核评价体系，引导干部树立和践行正确政绩观，推动干部能上能下、能

---

① 蒲实、孙文营：《实施乡村振兴战略背景下乡村人才建设政策研究》，《中国行政管理》2018年第11期。

进能出，形成能者上、优者奖、庸者下、劣者汰的良好局面。"要坚持严管和厚爱结合，激励和约束并重，树立奖优罚劣的鲜明导向。要发挥好考核"指挥棒"作用，加强对驻村第一书记和乡村振兴工作队员跟踪考察，推动驻村干部与群众同吃、同住、同劳动，强化派出单位和驻村帮扶干部责任捆绑、考核挂钩，对连续两年考核优秀的优先提拔晋升，着力激发驻村干部的责任感使命感。以真抓实干、求真务实的作风做好选派工作，力戒形式主义、官僚主义，切实减轻基层负担。推动干部在乡村振兴一线岗位锻炼成长，接地气、转作风、增感情。通过驻村工作考察识别干部，对干出成绩、群众认可的干部优先重用，对工作不认真不负责的干部进行批评教育，对不胜任或造成不良后果的干部及时调整处理，树立鲜明导向。不断宣传表彰第一书记和工作队员先进典型，营造担当作为、干事创业的良好氛围。不断强化保障支持，加强关心关爱。派出单位可参照差旅费中伙食补助费标准给予驻村干部生活补助，安排通信补贴，派往艰苦边远地区的干部，还可参照所在地区同类同级人员的地区性津贴标准给予相应补助。每年为驻村干部安排定期体检，办理任职期间人身意外伤害保险，按规定报销医疗费，所在县乡要为驻村干部提供必要的工作和生活条件。县级党委组织部门、农办、农业农村部门及乡村振兴部门和乡镇（街道）党（工）委要经常与第一书记和工作队员谈心谈话，派出单位要加强联系，了解派出干部的思想动态，促进其安心工作，激励其担当作为。

第十八个问题

如何开展乡村移风易俗工作？

随着社会的进步和经济的发展，我国农村地区在基础设施建设和人民生活水平方面取得了显著的成果，但不少地方仍然存在传统的社会陋习，这影响了农村思想道德建设和公共文化建设的进程。若不建立起自信繁荣的乡村文化，乡村振兴则难以实现。实现乡风文明、治理有效的乡村振兴目标，需要通过移风易俗来改变乡村落后的传统风气，培育适合现代农村发展的新风尚。移风易俗成为围绕农村精神文明建设的又一场"攻坚战"[1]。

党的十九大以来，中央连续出台文件，聚焦农村移风易俗，引发了广泛的关注。2019年中央一号文件要求持续推进农村移风易俗工作，引导和鼓励农村基层群众性自治

---

[1] 李建军、段忠贤:《乡村文化治理的主体特征与模式选择——以农村移风易俗为例》，《云南社会科学》2023年第1期。

组织采取约束性强的措施，对婚丧陋习、天价彩礼、孝道式微、老无所养等不良社会风气进行治理。2019年6月，中共中央办公厅、国务院办公厅印发的《关于加强和改进乡村治理的指导意见》明确指出："全面推行移风易俗，整治农村婚丧大操大办、高额彩礼、铺张浪费、厚葬薄养等不良习俗。"2022年8月，农业农村部、中央组织部、中央宣传部、中央文明办、中央农办、民政部、全国妇联、国家乡村振兴局八部门联合印发《开展高价彩礼、大操大办等农村移风易俗重点领域突出问题专项治理工作方案》，进一步明确了高价彩礼、人情攀比、厚葬薄养、铺张浪费四项治理重点。

一、遏制高价彩礼

遏制高价彩礼是农村地区移风易俗的一个重要方面。遏制高价彩礼并不是要禁止彩礼，而是要将彩礼控制在合理的范围内。在一些地区，彩礼已经不再是一种传统文化，而更像是一种商业交易，男方必须支付巨额彩礼才能娶到心仪的女子。高价彩礼不仅给新人及其家庭带来沉重的经济负担，还会导致一系列社会问题，如恶性竞争、贪污腐败等。因此，在建设和美乡村的过程中，开展移风易俗工作，消除高价彩礼的陋习是非常必要的。

首先，要引导农民转变对高价彩礼的文化观念。宣传教育是解决高价彩礼问题的基础。一是可以通过村宣传栏、广播、电视、报刊、网络等方式，加强对农民的法律法规和道德伦理方面的宣传教育，让农民了解婚姻法和相关政策，要让农民意识到高价彩礼是违法的、不道德的，会给自己和家庭带来不必要的负担和风险，促进其彩礼观念的转变。二是需要加强对农村地区经济发展和社会进步的宣传教育，让农民了解到发展经济、建设和美乡村的重要性和必要性，以此为动力调整传统的彩礼观念。

其次，要树立正确的婚姻观念和男女平等观念。一是发挥妇女组织作用，加强妇女组织建设，让妇女在家庭和社会中发挥更大作用，提高妇女地位，消除对女方家庭的压力，减少女方对高价彩礼的需求。二是需要加强对成年人、青年人以及婚礼策划师等多个群体的教育和引导，让他们在彩礼文化中逐步形成理性、文明、绿色的观念，避免盲目跟从和铺张浪费。三是通过适当举办相亲活动，以自由婚恋替代包办婚姻和媒人介绍，增加青年男女在婚姻中的感情基础，淡化高价彩礼意识。

最后，要建立一套科学合理的制度，规范彩礼的价格。一是各地政府可以根据实际情况，出台相关的文件，对彩礼行为进行明确和规范，如设立彩礼费用上限、明确彩礼范围和标准等，避免过分攀比和恶性竞争。二是可以通过村规民约制度等方式，规定彩礼的范围和标准，严格要求男方按照标准支付彩礼，避免过高的彩礼负担，鼓励简朴、文明、和谐的方式。三是需要加强对相关法律法规的执行力度，对高价彩礼行为进行惩处，形成有效的威慑和警示效果。

二、制止人情攀比

在乡村社会中，人情往来是一种重要的社会交往方式。人情往来本质是人们互相表达情感的一种方式，对构建社会关系网络和增加社会资本方面有重要的意义。但随着经济社会的发展，人情往来的金额也是水涨船高，逐渐成为"面子"的一种具象化表现[1]。过高的人情往来影响着农民的生产生活，也制约着农村地区的经济、社会和文化发展。因此，解决过高的人情往来负担是建设和美乡村的必要条件之一。

首先，要营造文明节俭的社会氛围。一是以村民大

---

[1] 杨旭东：《新时期农村移风易俗的历史观照与现实思考》，《中州学刊》2019年第11期。

会、文艺演出等形式开展杜绝人情攀比的主题活动，向农村居民普及科学知识、文明礼仪、节约环保等方面的知识，重点宣传人情攀比的落后性和危害性。通过宣传理性随礼的观念，引导农民树立正确的价值观念，鼓励农民减少不必要的人情往来。二是通过家庭教育，让孩子从小便意识到人情攀比的危害。家庭教育是解决农村人情攀比问题的重要途径之一，家长应该注重培养孩子正确的价值观念，让他们懂得简朴、节俭的生活方式，不要沉迷于攀比之中；同时，家长还应该引导孩子了解农村文化，传承勤俭节约的传统美德，让他们懂得从小事做起，从自己做起，为家庭和社会作出贡献。此外，家长还可以通过自己的言传身教，让孩子了解人情交往的正确方式和标准，避免在社交场合中出现攀比。

其次，要推进制度建设。一是政府出台相关法律法规，加强对农村人情攀比的监管，特别是对党员干部进行严格约束，规范人情交往的方式和标准。这样可以有效遏制不合理的人情往来，为农民提供法律保障和制度保障。例如，在婚丧嫁娶等场合，可以规定礼金的上限和礼品的种类，避免出现攀比现象。二是政府还可以通过财政补贴等方式，鼓励农村居民开展文明、节俭、环保的生活方式，倡导健康的消费习惯。

最后，要加强社会监督。除了上述措施外，加强社会监督也是解决过高的人情往来负担问题的关键。社会监督可以通过多种途径实现，如加强媒体报道、建立社会监督机制等。这样可以让村民更加关注过高的人情往来负担问题，增加对违法行为的曝光和打击，形成强大的社会舆论压力和监督力量。

三、整治厚葬薄养

在一些农村地区，人们普遍认为，丧事是人生中最重要的一件事情。传统上认为，死者要得到"好的福报"，就必须安排"厚葬"，因此，往往会在丧事上花费巨大的精力和财力，但是在日常生活中对老人的保障却很少，出现了不履行孝道义务，丧事时间过长、丧礼中宣扬封建迷信思想和开展低俗活动，存在配阴婚、"活人墓"、豪华墓等问题，这就形成了厚葬薄养的不良传统。这种不良传统不仅浪费社会资源，而且还会对家庭造成沉重的经济负担，很多家庭为了举办一场白事而耗费了大量的人力和财力，严重违背了社会主义核心价值观[1]。

---

[1] 杨增崒：《乡村振兴战略实施中的移风易俗：现实问题与积极进路》，《贵州社会科学》2021年第9期。

首先，要弘扬孝道。一是通过加强社会主义核心价值观教育和宣传，提高人们的思想觉悟和文化素质，推广现代化的家庭观念和人伦道德，引导人们理性看待传统文化，以及合理处理家庭生活和葬礼的关系。要从道德与法律层面强化对子女的约束，监督他们履行赡养老人的义务。宣扬孝道文化，提倡尊重生者和关爱家人，倡导厚养薄葬的文明新风。二是加强对农村老人权益的宣传，让人们意识到他们的生存和发展权利同样重要，从而改变传统文化中对葬礼的过分重视。

其次，要加强保障政策扶持。一是推进农村社会养老保险制度建设，加强对农村地区的养老服务设施建设和管理。通过提高养老金和养老机构的服务质量与水平，让农民在养老方面得到更好的保障，减轻家庭的经济负担。二是加强乡村医疗卫生服务体系建设，提高农村医务人员的水平和服务质量。推广健康生活方式，提高农民的健康水平和预防疾病的能力，提高老年人的医疗保障水平，减轻家庭医疗费用压力，进一步减少家庭的赡养费用。

最后，要推广现代化的葬礼方式和文化。通过开展文化活动、推广文化产品等方式，让农村居民了解到现代化的葬礼观念，从而逐渐摆脱封建迷信思想的影响，形成良好的葬礼文化。比如可以推广火葬、生态葬等现代化葬礼方式，同时也可以推广一些简约、环保的葬礼文化，鼓励人们理性看待死亡和葬礼，减少过度消费。

四、杜绝铺张浪费

在农村地区，一直存在着铺张浪费的问题，特别是在红白喜事上存在举办宴席时间过长、规模过大、盲目攀比、追求档次等问题。这不仅浪费了农民的财力物力，也对农村风气造成了不良影响。移风易俗并非取消婚丧宴席，而是要反对大操大办，强调红白喜事所传递的文化意义，提倡举办与家庭经济条件相匹配的理性宴席，避免铺张浪费。

首先，要树立理性消费观念。在农村红白喜事中，铺张浪费的现象往往与人们的消费观念不健康有关。要向农村居民普及理性消费观念，宣传红白喜事的合理方式和节俭理念，鼓励人们节约用餐、减少浪费，以及避免盲目攀比。强调铺张浪费会对家庭生活和社会经济发展造成不良影响。同时，还可以通过组织讲座、开展活动等形式，引导农村居民树立节俭理念，认识到精神和物质的丰富并不等同于铺张浪费。

其次，要加强组织和监管，规范红白喜事活动。一是可以设立由村民组织的红白理事会，明确红白喜事活动的组织程序、费用标准和消费限制等，鼓励简朴、文明、和谐的方式，减少浪费和攀比。二是可以通过村民代表大会或村民议事会等形式，让农村居民参与到监管和规范活动中来，提高他们的自我管理和自我监督能力，并对超标准、超范围的婚葬消费行为进行严格监管和惩罚。三是政府加强对婚庆公司、酒店、餐饮等相关产业的监管，明确宴席时长、规模和菜品数量等限制，确保宴席不超过合理范围，防止宴席浪费现象的发生。

最后，推进文化传承与创新，打造新型红白喜事文化。一是鼓励村民集体办理红白喜事，共享资源，降低成本。二是倡导低碳环保，引导村民使用环保材料，减少一次性用品，降低红白喜事对环境的影响。三是通过组织文艺演出、展览等形式，宣传农村红白喜事的历史渊源、文化内涵和时代价值，让农村居民更好地理解和传承这一传统文化，加强对农村红白喜事的文化挖掘和宣传，让传统文化焕发新的生命力。

第十九个问题

如何传承保护利用乡土文化？

文化是一个国家、一个民族的灵魂。习近平总书记曾指出，文化自信是更基本、更深沉、更持久的力量。乡土文化是中华传统文化的重要体现，保护乡土文化的多样性也是保护中华文化的多样性。乡村是培育乡土文化的根源，在乡村振兴战略实施过程中，不能忽略文化的力量，乡村振兴既要塑形，也要铸魂，乡村的"根"与"魂"都嵌在文化基因中，文化振兴是乡村振兴的重要内容和有力支撑。

乡土文化根源在土，承袭于农耕文明，是经过不同历史起源、不同气候地形、不同资源禀赋等的作用，在各地区农业生产生活中通过世代相传、共同努力形成的具有地域特点、农耕特质或民族特色的物质和精神财富[1]。乡土文

---

[1] 卢渊、李颖、宋攀：《乡土文化在"美丽乡村"建设中的保护与传承》，《西北农林科技大学学报》（社会科学版）2016年第3期。

化大致可分为两种主要形态，一种是古村落、古建筑、古树名木、文化古迹、农业遗迹等物质文化，另一种是传说故事、民间艺术、传统技艺、民间戏曲、民族风情、民族服饰、特色饮食、民俗活动、村规民约、生活经验、认知等非物质文化。

在城乡一体化加速发展[①]，生活节奏越来越快的背景下，这些形态丰富的乡土文化不仅需要，而且值得被挖掘、继承、保护和利用，它们一方面是"文脉"，是历史和生活的真实写照，如传统农耕技艺是中国人民生产智慧的结晶，传统节庆、习俗活动成为寄托乡土情结的载体等；另一方面是作为乡土文化载体的"人脉"，乡土文化向我们传达的不仅是其呈现的内容本身，还有其中蕴含的精神内涵，如一些仪式、信仰、习惯中蕴含的对大自然的敬畏，孝老敬亲、互助式的邻里关系等。这些乡土文化中具有值得继承和发扬的内容，它们可以赋予物质文明更大的附加值，从而使物质文明进一步发展。

不同形态的乡土文化需要不同方式的传承、保护和利用。当乡土文化表现为物质文化，如传统村落、民族特色建筑、特殊工艺建筑时，其保护的关键在于留存，需要花

---

① 陈宏伟、史小建：《乡村振兴背景下乡土文化的当代价值》，《乡村论丛》2023年第3期。

费精力去保护、修复和改造，使其更持久地留存下来。当地居民和政府需要充分地重视和爱惜，并尽全力保障在工业化、城市化和经济全球化的环境中乡土文化不被淡化。同时也需要专业人士给出如何减少自然界的风化、氧化作用等的保护建议，让传统建筑、古树古物等受到专业保护。

当乡土文化表现为非物质文化，如工艺技术、民俗活动等时，除保护之外，还需要传承。人是非物质文化的继承和发扬的重要主体，只有吸引和培养出传承人，才能避免手艺的失传和中断。但如今许多年轻人对传统非物质文化遗产欠缺了解，缺少兴趣，大多数选择进城务工，在城市生活，非物质乡土文化往往面临着传承主体欠缺的危机，许多农村的民间技艺和艺术都在慢慢消失[1]。当地政府、社会应加大相关宣传力度和支持力度，在全国范围内寻找感兴趣的、合适的传承者，培养更多的非遗手艺人，让乡土文化得到更好的保护与传承。

我国是多民族国家，民族地区乡土文化是我国乡土文化中浓墨重彩的一笔，是我国辉煌灿烂的文明宝库的重要

---

[1] 王华英：《乡村振兴中湖南乡土文化的保护与传承机制研究》，《经济师》2022年第9期。

部分①。它们形态丰富,物质文化和非物质文化皆有涉及,不同的民族拥有不同的建筑风格、不同的民族语言、不同的饮食习惯、不同的信仰传说、不同的歌舞、不同的服饰。在现代化进程中,政府和社会对民族地区的文化应当尊重,同时要注重培养民族地区青少年对自身民族文化的了解和热爱,如可以通过在少数民族地区开设相关课程,组织相关活动来普及民族知识、传播民俗文化,培养青少年对于乡土文化的热爱,在他们心中埋下乡土文化和民族文化的种子。

但是仅依靠静态的保护难以实现可持续的传承和保护,需要为此注入流动的血液,使其进入自我更新与良性循环状态。乡土文化本身具有经济功能②,优秀的、值得继承和发扬的乡土文化需要走向市场,在市场中凭借其竞争力获得收益,创造经济价值。经济价值的创造一方面可以激励更多人愿意继续传承和发扬当地特色文化;另一方面也为这一文化的传播和发展提供了现实支撑。

无论是物质的或是非物质的乡土文化都可以推动乡村旅游、特色农业、手工业等乡村产业的发展。当乡土文化

---

① 宋玉茹:《我国民族地区乡村文化振兴:困境与应对策略》,《现代金融》2022年第7期。

② 朱方长、李红琼:《乡土文化传统的经济功能分析》,《求索》2005年第12期。

表现为物质形态的景观时，可以对其进行修缮和布景，供游客参观赏玩与打卡；当乡土文化体现为农耕文化，与农业生产相关时，可以通过陈列、展览等方式展示文化的演变和内涵，也可以布置实地场景，吸引到访者感受沉浸式体验；当乡土文化为手工艺时，可以将其转化为文化产品，打造成特色产品、特色品牌进行售卖，同时可以设立体验区，让游客感受传统手工艺品的制作工艺和过程；当乡土文化表现为民俗活动、特色歌舞、特色庆典时，应该组织排演多种精彩演出，举行专场表演或进行巡演；当乡土文化表现为特色菜肴、特色农产品时，可以突出乡土优势，展现乡土特色，将其打造为特色地理标志产品；当乡土文化表现为民族服饰时，可以发展妆造、服饰、旅拍等行业。这些乡土文化可以为原本的产业增加多样性，成为乡村的产业先锋。

在乡土文化的利用过程中应具有整体意识，适当创新，不仅可以将村落内不同种类的乡土文化关联起来，如在传统建筑参观游览的同时增加民俗表演、工艺体验、民族服饰拍摄等项目；也可以将乡土文化与非乡土文化联系起来，如与生态景观、康养服务等结合，这样不仅增加了旅游地体验内容的多样性，从而可以吸引更多游客，并且也让乡土文化以更有趣味的方式被更多人知晓和传播，从而有利于进一步的发展与利用。但需要避免同质化文化建设和超负荷建设现象的发生，避免地区内恶性竞争的产生，让乡土文化和乡村风景保留其淳朴与真实而不被破坏。

不同主体在乡土文化的利用中发挥的作用也不一样，更好地实现乡土文化的价值离不开当地居民、政府、社会的共同努力。

乡土文化的传承和创新需要以农民为主体。农民首先应充分了解、认识和肯定自身文化的独特性和价值，为乡土文化感到自信和骄傲，充分展现乡土情怀，在乡土文化的传承与发扬中发挥积极性和主动性。当乡土文化进入市场后，不仅需要他们真心热爱和用心推广当地文化，而且作为传承主体的他们应严格把关作为传承客体的乡土文化的内容和形式。乡土文化应内化于心、外化于行、美化于艺[①]，避免在传承和发扬过程中出现流于形式、过于敷衍的现象，要注意乡土产品的质量，同时也要注意游客游览、体验时的服务质量，充分展现本地优良风土人情，只有让游客真正感受到乡土文化的魅力才能实现可持续的发展与利用。

---

① 欧阳春香、邱川宸：《新征程上乡土文化的传承路径研究》，《泰州职业技术学院学报》2023年第2期。

政府部门具有组织优势，应积极统筹整合乡土文化资源，为各地乡土文化的传承和发展提供相应支持。首先应不断丰富公共文化服务供给，进行硬件设施方面的支持，如历史悠久、特色鲜明的村庄可以通过修建村史馆以更好地留存文物古迹，民俗活动丰富的村庄可以搭建乡村舞台、修建乡村广场、支持民俗活动。其次应加强宣传和推广，积极争取和利用各种方式与资源力量让更多人知道和了解本地区特有的乡土文化，如通过组织讲座、知识竞赛、有奖竞猜等活动增加本地居民及到访游客对乡土文化的兴趣和认知，或者通过支持一些优秀影视作品来加深人们对家乡建筑服饰、风俗文化等的了解，唤起公众的乡土情结。最后是提供政策支持和保障，支持乡土文化产业化发展，并出台相关的保护措施和政策，约束惩处无序的不法的开发破坏行为，奖励保护行为，包括可以对非遗传承人进行物质和精神奖励。

在社会层面，各界应积极履行社会责任，活跃乡土文化市场。乡土文化进入市场、在市场中实现价值需要供给与需求的双向作用。公众对乡土文化的需求和兴趣离不开社会层面的宣传以及提倡和尊重乡土文化的风气，各个企业、政府、学校等在进行相关文化教育、文化输出时不应忽略对乡土文化的发扬，吸引更多人对乡土文化的喜爱和兴趣，吸引更多人体验不同地方的风土人情。乡土文化的供给也离不开现代化的经营思维、经营人才和经营方式，社会各相关企业、单位、高校等应积极发现和动员有热情、有能力、有抱负的青年积极投身乡土文化事业，建筑、语言、文化、历史等领域的专家学者也应深入乡村走访，发现、保护、宣传乡土文化之美。

优秀的、特别的、美丽的乡土文化应该被世人和世界看到。在互联网、短视频平台、直播等技术蓬勃发展的当下，乡土文化的宣传推广可以充分利用数字技术，通过制作宣传片、短视频等将文字、音乐、动画、剧情等融合起来对乡土文化进行传播和推广，让更多人了解和喜欢乡土文化。

乡土虽名为乡土，但乡而不俗，土而不粗，值得我们深入探索和品味。随着时代的不断发展，乡土文化仍在被发掘和更新，与我们息息相关。乡土文化的发掘、保护和利用不仅继承和发扬了中华优秀传统文化，也增强了国人的文化自信和乡村居民对自身身份的认同感，同时有利于增强公众通过道德、认知等自我约束的能力。乡土文化作为广大农民的精神依托，为乡村振兴提供源源不断的养料和力量。乡土文化应在传承与保护中利用，在利用中继承和保护，从而实现可持续的、生生不息的发展。

第二十个问题

谁来建设和美乡村?

宜居宜业和美乡村涵盖物质文明和精神文明各个领域,建设任务面广、投入大、周期长,是一项涉及多领域的复杂系统工程,需要政府、社会和农民等多元主体全面参与,发挥各自不同作用,形成共建共享机制。和美乡村包括多元主体协作之"和",应根据建设任务和实际需求,明确划分政府、社会和农民三类主体责任及投入机制,使政府、集体、市场、社会组织、社会关系的作用机制和合力得到充分发挥,形成多元主体参与建设和营运的大联动,从而更好更快地推进宜居宜业和美乡村建设。

一、政府承担主导职责,统筹和美乡村建设

一是统筹编制和美乡村建设规划。和美乡村建设涉及

多个领域，政府需要在县域整体规划和国土空间规划的基础上，合理划定各类空间的管控边界，因地制宜制定和美乡村建设规划，统筹推进乡村生产、生活、生态空间优化。根据乡村生活形态变化趋势和城乡空间交互趋势，推进基础设施建设、公共服务等领域的城乡深度融合，优化乡村生活空间布局。结合产业特点和人口流动趋势，推进乡村生产功能建设，重点优化种植业、养殖业等农业以及农产品加工业等第二、第三产业的生产空间布局，优化乡村生产空间。统筹推进乡村人居环境建设，积极探索高效生态低碳循环农业模式和低碳绿色生活方式，打造乡村生态产品、生态农产品，践行"绿水青山就是金山银山"的生态理念，推进生产、生活空间与生态空间有机融合。

二是分类实施和美乡村建设。我国地域辽阔、各个地区的农村情况千差万别，气候、文化、地貌、产业等都大不相同，发展基础和阶段也不同。一方面，和美乡村建设须顺应乡村发展规律，合理安排村庄建设时序，不能过分追求大而全，应从最薄弱和最需要的领域入手，尽快补齐乡村发展短板。另一方面，和美乡村建设不是对全部乡村的全面建设，应充分认识和尊重各个地区特点特色，对不同类型乡村实施差异化建设。针对人口外流趋势明显的乡村，应着重推进闲置资源优化再利用，控制村庄建设规模增长，如对闲置的办公场所、校舍、医疗服务点、文化活动站等公共服务设施进行盘活再利用。针对人口不断集中壮大的乡村，应优化村落布局和基础设施，根据农民群众需求优化公共服务供给，科学布局教育、医疗、文化、养老等服务设施建设。

三是强化资金投入保障。建设和美乡村需要大量的资金投入，特别是农村基础设施和乡村公共服务水平的提档升级需要较多的投入，一些较大人口规模自然村（组）不通硬化路，部分行政村不通快递，约16%的农村人口未用上自来水，近30%的农户没有用上卫生厕所，教育、卫生、养老服务供给与城镇相比还有较大差距。[①]这些民生需求、短板弱项的投资需求比较大，需要政府承担主要的资金投入责任。一方面，提高中央财政的投入力度，落实农业农村优先发展。中央财政应继续将乡村发展作为投资重点，持续加大对乡村发展的资金支持力度，确保中央预算内投资在内的专项资金支持力度不减。优化财政供给结构，健全涉农资金统筹整合机制，推进行业内资金整合与行业间资金统筹相互衔接配合，给予地方更大的自主统筹空间，确保财政投入和使用方式与和美乡村差异化目标

---

① 胡春华：《建设宜居宜业和美乡村（认真学习贯彻党的二十大精神）》，《人民日报》2022年11月15日。

任务相适应。另一方面，持续强化地方财政支持。各地要保持一般公共预算投入乡村发展建设的规模，稳步提高土地出让收入用于乡村建设的比例，统筹安排乡村振兴绩效提升奖补资金、支农资金等用于支持和美乡村建设，实现农村基本具有现代生活条件的目标。发挥财政资金引导作用，鼓励有偿债能力的地方政府发行项目融资和收益自平衡的和美乡村专项债券，积极争取和扩大地方政府债券对符合条件的和美乡村项目的支持。

二、社会力量积极参与

虽然政府是和美乡村建设的主要力量，但仍需各类经营主体和社会组织等社会力量广泛参与。包括社会组织在内的社会力量在对接社会资源、培育群众主体性、提升帮扶效能等方面能够发挥重要作用，为脱贫攻坚、乡村振兴作出巨大贡献。据民政部公布的数据，在"十三五"期间，全国累计有9万多个社会组织启动了超过9万个扶贫项目，投入资金1245亿元，受益对象超过1亿人次，其中包括建档立卡贫困人口1282万人次。和美乡村的建设任务更繁重，更需要汇集社会力量形成合力，从而在新征程中如期实现农业农村现代化目标。

一是建立激励机制，鼓励和引导社会力量积极参与乡村建设。在社会组织评估、评优等工作中增设社会组织参与乡村建设指标，加大有关分值比重。通过表扬通报、典型选树、案例宣传等方式，打造社会组织助力和美乡村公益品牌，提高社会组织的参与积极性。和美乡村所要构建的诗情画意、安定祥和的美丽田园目标，尤其需要规划师、建筑师、律师、企业家等人才参与建设。以乡情乡愁为纽带，以干事创业为目的，吸引支持各类经营主体、党政干部、专业技能人才等参与和美乡村建设。如发展现代农业和高效益的乡村产业，需要经营主体下乡投资兴业，重塑产业基础，打造农产品品牌；需要懂技术、懂经营的经营人才提供技术支撑服务，参与打造产业链。提高乡村治理效能，不仅需要帮扶单位引导强化基层组织，提高自治能力，也需要律师、法律工作者提供法律服务，健全法治基础，还需要各类群团组织和社会组织积极动员农民群众，宣传社会主义核心价值观和文明新风，完善德治机制。

二是发挥社会组织平台优势，培养造就一批新农民。社会组织涉及各行各业，与和美乡村的各项目标任务密切相关，从而为培养农民和"三农"工作从业者提供良好的实训平台。应积极动员社会组织通过业务平台，培训一批热心乡村振兴事业的从业人员和技能型农民，为和美乡村建设提供人才支撑。如电商公司下乡开拓农产品销售渠道，同时还可以培训乡村产业人才；互联网平台不仅可以成为农民群众的新技能培训平台，而且可以吸纳一批农民群众成为新业态从业者。还有一些社会组织力量涉及物流、餐饮、养老、康养、家政等生活性服务业，具有跨区域的人才培养与交流机制，不仅可以培训相应的从业人员，打造劳务品牌，组织劳务外出，而且可以发展县域生活服务业，扩大县域内就业容量，帮助本地农村劳动力就近就地就业。

三是打造社会力量参与和美乡村建设的投资平台与渠道。充分发挥财政资金的引导和撬动作用，对半公益性的、市场性的基础设施建设，可采取投资补助、贷款贴息、设立基金、担保增信、以奖代补、先建后补等途径，吸引社会组织投资和美乡村建设。构建市场化的投资运营载体，发挥农业投资平台作用，支持有意愿、有能力的企业、个人和其他组织设立乡村振兴专项基金，引导国有企业、民营企业以及其他社会资本建设运营和美乡村项目。有序推广政府和社会资本合作模式，承建或承接农业基础设施重大项目，在产业发展、生活污水、厕所粪污治理和垃圾处理等重点任务中实行政府和社会资本合作（PPP）、特许经营模式等。通过"万企兴万村"行动、东西部协作帮扶、中央单位定点帮扶等引导包括民营企业在内的各类社会力量投身参与建设农业基础设施、农村信息系统等经营性基础设施建设项目。

三、动员农民群众主动参与

坚持农民主体地位,培养农民主体意识一直是"三农"工作的基本原则。农民群众是和美乡村建设的主体和主要受益者,既要充分尊重农民意愿,切实发挥农民在和美乡村建设中的主体作用,也要调动农民群众的积极性、主动性和创造性,使和美乡村建设"为我而建,由我而建,遂我所愿"。

一是集体和农民群众共同投入和维护。如果没有农民的参与或者参与性不高,和美乡村建设将会失去原动力。对于基础设施建设和维护、农村人居环境整治和村级公共事务参与等工作,必须有村集体和农民群众共同参与。垃圾收集处理、污水治理和厕所革命等是农村人居环境整治的基本要求,也是农民最关心、最直接和最现实的问题。可通过乡村两委干部、党员先锋带头,采用宣传表彰先进、鞭策督促后进等方式,开展庭前院后垃圾、污水等人居环境整治工作。农村水利设施、村内道路等小型基础设施尽可能采用"一事一议"财政奖补制度，以民办公助为手段，由农民群众主导项目实施和管理，充分尊重农民群众的参与权并调动其积极性。和美乡村建设要不断提档升级，需要实现农民群众参与的常态化运营管护。由农民群众作为管护主体，承担日常管护责任，全面提升农村公共基础设施管护水平。

二是健全农民群众主动参与乡村治理的机制。目前我国城乡利益关系深刻调整，农村社会结构深刻变动，农民思想观念深刻变化。[1] 农村是自治社会，须充分发挥农民主体地位，鼓励返乡创业人才、乡贤、新农人等群体参与乡村公共事务管理，逐步健全以村民自治为基础、农村基层党组织为核心、各类村级组织互动合作的乡村治理机制，完善乡村治理体系，提升乡村治理能力现代化水平。改善农民群众精神风貌和思想观念也是和美乡村建设的重要一环。完善农民自我组织机制，通过举办"村晚""村歌""村运会""村BA"等活动，丰富群众生活并传播积极健康朴实的乡风民俗。通过打造文化产品、文化符号和文化形态，建设家风家训馆、村史馆、农民书屋等，深入

---

[1] 杨春华：《扎实推进宜居宜业和美乡村建设》，《红旗文稿》2023年第3期。

推动农村移风易俗,加强农村公共文化阵地建设,带动农民群众深入挖掘乡村文化内涵,重塑乡村价值,培育文明乡风、淳朴民风,实现乡村由表及里、形神兼备的全面提升。

第二十一个问题

和美乡村能不能照搬城镇建设模式？

随着经济社会发展水平的不断提高，我国城镇化水平也连年提升，农村人口逐渐向城镇聚集，城镇地区建设得越来越好，但同时也拉大了和农村地区的差距。近年来，为改善城乡关系、缩小城乡差距，城乡一体化已经上升为国家战略，中央要求各级政府将城镇与乡村统筹起来，坚持城乡融合发展，坚持新型城镇化与乡村振兴"双轮"驱动。建设宜居宜业和美乡村作为乡村振兴工作的一项长期系统工程，既是农业强国的应有之义，也是农业农村现代化的内在要求，更是促进城乡融合发展的重要载体。

但城乡一体化不等于乡村城镇化。近些年，很多地方机械照搬城镇的建设思路和建设模式改造乡村，虽然乡村的村容村貌得到了较为明显的改善，但却造成了一些更为突出的问题。比如，一些地方实行村居合并改造，拆除了农民原先一户一宅式的房屋，撤销了一些村庄居民点，像城镇一样统一建设楼房分配给农民居住，并采用社区方式进行管理。表面看农民的居住条件出现了积极变化，但农民的生产和生活方式本质上并没有改变，在居住一段时间后，社区的环境卫生开始出现脏、乱、差等问题，居民的行为方式也仍然跟原来一样，社区管理难度不断加大，农民的居住环境实则并没有很好地提升。再比如，一些地方为了模仿城镇风格，追求宽马路、大广场、大牌楼等与农村尺度肌理不符的建设，采用大草坪、修剪树球、名贵树种等城镇化绿化手段等，导致投入成本高、后期维护难等与乡村实际情况严重不符的问题。实际上，这些问题的出现，不仅使原先改造乡村的设想效果大打折扣，还破坏了乡村原有的发展特色，使乡村原有的乡风韵味随之流失，这并非国家提倡城乡一体化建设的初衷。因此，建设宜居宜业和美乡村，要坚持以人为本，要从根本上认识城乡之间的区别，尊重二者之间的差异性，避免将乡村建设成城镇，出现城乡同质化的情况。

从基础设施上看，城乡居民对道路交通、污水管网、卫生厕所、环保、休闲等基础设施的需求存在较大区别。道路交通设施方面，城镇地区基于人口密集程度、城镇边际范围等因素，道路建设以沥青路为主，覆盖面广、通行能力高、附属设施全、资金投入大；但乡村地区居民居住相对分散，出行需求也明显小于城镇居民，因而道路建设以水泥路为主即可，主干道可建设为沥青路，既满足居民出行需求，也节约了成本。污水管网设施方面，城镇地区的污水主要来源于居民生活污水、工业废水和径流污水，一般需要通过错综复杂的管道进入大型污水处理厂进行处理；但乡村地区的污水主要是农民生活污水，处理起来相对于城镇比较简单，达标的水可直接灌溉植物、农田等，其他污水可通过化粪池、污水净化沼气池、氧化沟、人工湿地、土地处理以及生态塘等实用技术进行处理，并不需要建设错综复杂的污水管网和大型污水处理厂。卫生厕所设施方面，城镇地区的厕所不仅干净整齐，而且还要配备智能马桶、实用设计等；但乡村地区居民使用厕所的习惯跟城镇居民不一样，因而改厕主要把握住建立清洁卫生、能无害化处理粪便的卫生厕所的原则即可，各地可根据地域特点和农民使用习惯寻找合适的改厕模式。环保设施方面，城镇地区由于人口密集、工业发达，对环境的污染较大，因而环保基础设施投入较大；但乡村地区本身环境污染比城镇少，绿化程度又高，并不需要盲目追求高大上的景观设计，只要充分利用各地特色绿色资源并稍加改造即可。休闲设施方面，城镇地区自然资源较少，为居民提供休闲场所主要以建设公园为主；但乡村地区自然资源丰富，可更多依靠已有资源，改造或优化成居民可休闲娱乐的场所，不仅节约成本，还各具特色，不千篇一律。

从公共服务上看，城乡在教育、医疗、养老等方面也存在区别。教育与医疗方面，城镇地区由于条件好、待遇高，能够吸引整体素质更高的教师、医生，因而成为优质教育资源、医疗资源的聚集地；但乡村地区由于条件相对落后，教师、医生往往较少考虑，造成人才短缺。因而，建设和美乡村一方面要提高乡村教师、医生待遇，建立长效激励机制，解决其后顾之忧，吸引更多人才；另一方面可能更多需要依靠提高乡村数字化建设水平，通过在线课堂、远程教育、慕课等数字化服务手段，推动优质教育资源下沉；通过推动"医联体""医共体"建设，借助远程会诊、远程授课、远程查房等数字化手段，推动优质医疗资源共享等。养老方面，城镇地区居民更倾向于去养老服务机构颐养天年；但农村老人受传统思想束缚或碍于面子等原因往往不愿意去养老院，或者由于故土难离，不愿意随子女到城市生活。因而，建设和美乡村要考虑到农村老人居家养老的传统，一方面可以通过与第三方养老服务机构合作，为农村老人提供上门服务；另一方面可以在村内建立互助养老服务站，既可以解决老人们用餐、洗衣甚至居住等的需求，还能帮助老人们聚在一起打牌、看电视或者聊天，实现日常照料服务与精神关怀的双重保障，使老人不离村、不离家也能享受到良好的养老服务。

从产业发展上看，城镇地区以第二、第三产业发展为主，但乡村地区仍然主要是第一产业，第二、第三产业相对落后，并且受资本下乡管控、产业升级转型困难等因素影响，产业发展缓慢。因而，建设宜居宜业和美乡村要多举措促进乡村产业振兴。要以财政资金为引导，拓宽社会投融资渠道，提高涉农企业、专业合作社、投资机构、家庭农场和第三方社会化服务机构等多方参与农村产业发展的积极性。要依托当地资源禀赋优势，加快构建现代农业生产体系，加大高端、高质量农副产品的研发与生产，加强产学研合作，将农业科技有效转化为农业生产力，以数字经济赋能农业经营，建立现代农业经济系统。要拓宽延长产业链，塑造农旅景观，盘活农村资源，积极发展休闲农业、设施农业、农家乐、乡村旅游等新产业新业态，促进农村一二三产深度融合发展，带动广大农民共享产业发展成果。

从治理体系上看，城镇基层治理主要涉及社区、街道和居民小区等单位，面对的是相对较大的人口密集区，包括城镇居民和流动人口，依靠市（区）政府的派出机构——街道办事处直接领导居委会，主要依靠法治体系进行治理；而乡村基层治理则主要涉及村级组织和农民群众，主要面向农村地区的居民和农民，依靠村党支部和村委会，实行自治法治德治"三治融合"。因而，建设和美乡村要不断补齐乡村治理短板，加快推进乡村治理体系和治理能力现代化。要以自治为基础，不断提升自治的方法手段，调动农民参与村庄管理的积极性、主动性。在村民自治的基础上实现法治、践行德治，通过制度、法律以及多元文化融合等建设途径形成合力，不断提高乡村治理水平。要建立多元化治理格局，吸纳更多治理主体充分参与，形成党员带头参与治理的良好氛围，促进政府、社会、市场协同推进。要运用科技化、数据化手段推动乡村治理转型，把传统治理提升为现代治理，充分运用现代化手段提升治理效率，促进乡村治理能力现代化。

从文化传承上看，城镇地区更适应现代文明，通过各种科技、艺术形式进行文化传播；而乡村地区更倾向乡土文明、农耕文化，保护和传承农耕文化是全面推进乡村振兴的关键一环，是建设宜居宜业和美乡村的重要内容。因而，建设和美乡村应注重保护和传承乡土文明，不能被城镇文明所同化，失去乡土特色。要增强农民保护和利用农耕文化的意识，加强对农耕文化的宣传工作，通过开展乡村文化旅游节、农民丰收节等活动唤起村民传承弘扬当地农耕文化的主体意识。要做好农耕文化蕴含自然之道的挖掘工作,加强对农耕文化的历史渊源、发展脉络的梳理和记录,加强农耕历史文化遗存的保护。要创新传播农耕文化的方式方法,立足互联网思维,运用现代融媒体手段、"5G+"等技术创新传统农耕文化表现形式,让农耕文化更符合现代审美,彰显农耕文化本身的巨大魅力。

综上所述,城镇和乡村差异明显,建设宜居宜业和美乡村不能简单机械照搬城镇模式,不能千村一面,而是要在尊重城乡各自功能基础上,实现城乡功能互补。要根据各地乡村差异性和独特性,分区分类、因地制宜而非整体划一地推进和美乡村建设,可以按照城郊型、传统农业型、资源富集型、文化特色型等不同类型,结合平原、山地和丘陵等地域特征,采取丰富多样的建设模式,将各地的比较优势转化为竞争优势。要立足乡村资源禀赋和地域特征,与自然生态融为一体,统筹考虑产业发展、人口布局、公共服务、土地利用、生态保护等,科学合理规划农村生产生活的空间布局和设施建设,在保留原生态村居风貌中植入现代元素。要保留优秀传统乡土文化,赓续红色文化,传承农耕文明,保留民族特色等,发掘乡村多元价值,推动乡村自然资源增值,促进传统乡土文化与现代文明融合发展,让乡村文明展现出独特魅力和时代风采。要以突出乡味、体现乡韵为特色所在,一村一方案、一村一特色,打造"望得见山、看得见水、记得住乡愁"的和美乡村。

第二十二个问题

如何评价和美乡村？

宜居宜业和美乡村，是具有良好人居环境，能满足农民物质消费需求和精神生活追求，产业、人才、文化、生态、组织全面协调发展的乡村，是美丽宜居乡村的升级版。建设宜居宜业和美乡村，是新时代新征程全面推进乡村振兴和农业农村现代化的重要路径。党的二十大报告提出"建设宜居宜业和美乡村"，体现了乡村建设从形到神的更高要求，进一步拓展了乡村振兴的丰富内涵，为新征程上乡村建设建什么、怎么建、建成什么样指出了更加明确、更为宽广的前进方向。《中共中央 国务院关于做好2023年全面推进乡村振兴重点工作的意见》专门部署了扎实推进宜居宜业和美乡村建设的重点工作，其中包括"加强村庄规划建设、扎实推进农村人居环境整治提升、持续加强乡村基础设施建设和提升基本公共服务能力"。扎实推进宜居宜业和美乡村建设，不仅需要有序推进和美乡村政策的执行，还迫切需要对和美乡村建设的实施进程和成果进行量化评价，以高效地对和美乡村建设的进展和成效作出准确的判断。因此，推进和实施和美乡村建设，必须构建科学完备的评价指标体系。

一、和美乡村的评价指标

建设宜居宜业和美乡村，其目标任务是全方位、多层次的，涉及农村生产生活生态各个方面，涵盖物质文明和精神文明各个领域，既包括"物"的现代化，也包括"人"的现代化，还包括治理体系和治理能力的现代化，内涵十分丰富。依据本书中前面对宜居宜业和美乡村的内涵解析，从乡风文明、生态宜居、治理有效、基础设施便利化、公共服务均等化5个方面选取测度指标对宜居宜业和美乡村建设水平进行评价。关于5个方面的测度指标，主要依据《中共中央 国务院关于做好2023年全面推进乡村振兴重点工作的意见》《乡村振兴战略规划（2018—2022）》《"十四五"推进农业农村现代化规划》《关于开展2022年乡村建设评价工作的通知》等政策文件和现有相关研究[1][2]进行选取，进而对和美乡村建设水平进行评价。

1. 乡风文明

乡风文明是中国式现代化的乡村价值追求，是提升乡村文化软实力的必然要求，是促进和美乡村建设的有力保障。在和美乡村建设过程中，要不断加强乡风文明建设，既要传承优秀传统文化，发挥其引领作用；还要围绕农民需要提供文化服务，组织农民开展文化活动，提升农民素质和乡风文明程度。可见，乡风文明评价不仅要考虑传承优秀传统文化，还要考虑乡村的文化服务以及农民的文明素质。基于此，选取保护发展当地优秀特色文化的农村财政投入比例、村综合性文化服务中心覆盖率、县级以上文明村和乡镇占比、农村义务教育学校专任教师有本科及以上学历学校比例和农村居民教育文化娱乐支出占比作为乡风文明的评价指标。

2. 生态宜居

生态宜居是和美乡村的底色，是提高广大农村居民生态福祉的重要基础。这里的"生态"主要是指保护生态环境，坚持绿色导向和生态导向，实现人与自然的和谐共

---

[1] 张琦、李顺强：《共同富裕目标下中国乡村振兴评价指标体系构建》，《甘肃社会科学》2022年第5期。

[2] 徐菁：《共同富裕的指标体系构建与应用》，《西南民族大学学报》（人文社会科学版）2022年第11期。

生；"宜居"主要是指给老百姓提供干净舒适的居住环境。只有充分发挥农村良好生态环境这一最大优势和宝贵财富，才能更有力地推动乡村振兴。可见，生态宜居的评价指标既要关注农业绿色发展，又要关注生态环境和人居环境。基于此，选取畜禽污染综合利用率、空气质量优良天数比例、村庄绿化覆盖率、对生活垃圾进行处理的村占比和农村卫生厕所普及率作为生态宜居的评价指标。

3. 治理有效

"治理有效"是和美乡村的社会基础，是乡村振兴的重要保障。加强乡村治理需要从多元参与着手，积极探索乡村治理创新，构建自治、法治、德治"三治融合"的治理体系，形成共建共治共享的乡村善治格局，确保乡村社会充满活力、安定有序。可见，治理有效评价不仅要考虑党建引领，还要关注"三治"的治理体系和治理效应。基于此，选取村党支部书记兼任村委会主任的比例、有村规民约的村占比、村庄规划管理覆盖率、建有综合服务站的村比例和集体经济规模 10 万元以上的村占比作为治理有效的评价指标。

4. 基础设施便利化

乡村基础设施，是提升农村生产力、增加农民收入、全面改善农村面貌、建设现代化农村的重要物质基础。宜居宜业和美乡村必须要具备现代生活条件，包括村水电路气信和物流等生活基础设施基本配套完备，农村住房建设质量稳步提高，生产生活便利化程度进一步提升。可见，基础设施便利化是和美乡村的物质基础，是实现乡村振兴的关键。基于此，选取农村自来水普及率、具备条件的建制村通硬化路比例、农户信息基础设施覆盖率、使用燃气的农户占比和农村人均住宅建筑面积作为基础设施便利化的评价指标。

5. 公共服务水平均等化

建设宜居宜业和美乡村，除了基础设施硬件支撑外，还应该大力提升公共服务等软环境，让乡村真正有"里"有"面"。"公共服务均等化"是和美乡村的重要内容，是农民群众获得感、幸福感、安全感的基础支撑。实现和美乡村目标，需要逐步健全普惠共享、城乡一体的基本公共服务体系，统筹配置县乡村教育、医疗、养老等公共服务资源，不断提升农村基本公共服务水平。基于此，选取行政村幼儿园覆盖率、行政村卫生室覆盖率、乡镇医生中职业（助理）医师的比例、乡镇（街道）范围具备综合功能的养老服务机构覆盖率、农村居民基本医疗保险参保率和农村居民养老保险参保率作为公共服务水平均等化的评价指标（见表1）。

表1　和美乡村的评价指标

分类	指标	单位
乡风文明	保护发展当地优秀特色文化的农村财政投入比例	%
	村综合性文化服务中心覆盖率	%
	县级以上文明村和乡镇占比	%
	农村义务教育学校专任教师有本科及以上学历学校比例	%
	农村居民教育文化娱乐支出占比	%
生态宜居	畜禽污染综合利用率	%
	空气质量优良天数比例	%
	村庄绿化覆盖率	%
	对生活垃圾进行处理的村占比	%
	农村卫生厕所普及率	%
治理有效	村党支部书记兼任村委会主任的比例	%
	有村规民约的村占比	%
	村庄规划管理覆盖率	%
	建有综合服务站的村比例	%
	集体经济规模10万元以上的村占比	%
基础设施便利化	农村自来水普及率	%
	具备条件的建制村通硬化路比例	%
	农户信息基础设施覆盖率	%
	使用燃气的农户占比	%
	农村人均住宅建筑面积	米^2/人
公共服务水平均等化	行政村幼儿园覆盖率	%
	行政村卫生室覆盖率	%
	乡镇医生中职业（助理）医师的比例	%
	乡镇（街道）范围具备综合功能的养老服务机构覆盖率	%
	农村居民基本医疗保险参保率	%
	农村居民养老保险参保率	%

二、和美乡村的评价方式

和美乡村的评价方式可以借鉴脱贫攻坚成效的评价方式，采取年终第三方评估与交叉抽查考评相结合、实地考评与平时工作评价相结合、客观成效与群众评价相结合、定量分析与定性分析相结合的方式进行。

第一，总结自评。地级党委和政府总结分析年度和美乡村建设的进展情况、取得成效、问题意见和改进措施，形成报告报送省级乡村振兴领导小组。

第二，实地考评。由省级乡村振兴领导小组统筹组建考核评估工作组、行业专家组和委托第三方机构评估等，组织开展实地考核评估。通过科学抽样、实地调查、数据分析和资金绩效评价相结合的方式，对和美乡村建设情况进行考核评估。

第三，平时评价。省级和美乡村主责部门通过对地级、县级行政区平时推进和美乡村建设的责任落实、政策落实和工作落实、监督检查和改进措施落实情况等进行评价。收集汇总乡风文明、生态宜居、治理有效、基础设施便利化、公共服务均等化方面的建设情况。

第四，抽考核实。考核评估工作组在地级行政区总结自评和其对所辖县（市、区）评价的基础上，对县（市、区）进行抽考。

第五，综合评价。考核评估工作组结合实地考核、平时掌握情况和第三方评估等，进行综合分析，形成考核评估报告，提出考核评估结果建议。

第六，评价结果。和美乡村的考核结果分为"好""较好""一般"三个等次。对考核评估结果"好"的地级、县级行政区，予以表扬，在资金分配、项目安排、奖励评优、政策先行先试方面给予鼓励。对考核评估结果为"一般"等次或因责任、政策、工作落实不到位导致和美乡村建设问题突出的地级、县级行政区，进行约谈提醒、挂牌督办。对和美乡村建设责任、政策、工作落实弄虚作假、违规违纪等造成严重后果的地级、县级行政区和个人，严肃追究责任。